铁路监控摄像机知识问答

中关村轨道交通视频与安全产业技术联盟◎编

中国铁道出版社有限公司

2024 年·北 京

内 容 简 介

全书分六篇，从铁路视频监控摄像机的基础知识、主要功能性能与应用、国家和铁路相关标准、日常维护与故障处理和施工安装等方面，重点梳理了摄像机数字化、智能化的技术发展以及铁路各场景的典型应用等。

本书可供铁路行业运用、维护视频监控系统的专业技术人员学习参考，也可作为铁路行业员工培训教材。

图书在版编目（CIP）数据

铁路监控摄像机知识问答 / 中关村轨道交通视频与安全产业技术联盟编. -- 北京 ：中国铁道出版社有限公司, 2024. 7. -- ISBN 978-7-113-31372-2

Ⅰ. U2-44

中国国家版本馆 CIP 数据核字第 2024KU7226 号

书　　名：铁路监控摄像机知识问答
作　　者：中关村轨道交通视频与安全产业技术联盟

策划编辑：朱敏洁　编辑部电话：(010)51873134　电子邮箱：zhuminjie1105@163.com
责任编辑：朱敏洁
封面设计：郑春鹏
责任校对：安海燕
责任印制：高春晓

出版发行：中国铁道出版社有限公司（100054，北京市西城区右安门西街 8 号）
网　　址：http://www.tdpress.com
印　　刷：北京联兴盛业印刷股份有限公司
版　　次：2024 年 7 月第 1 版　2024 年 7 月第 1 次印刷
开　　本：880 mm×1 230 mm　1/32　印张：4.5　字数：90 千
书　　号：ISBN 978-7-113-31372-2
定　　价：30.00 元

编　委　会

主　　编： 田　裳

副 主 编： 孔立志　诸叶刚

编写人员： 徐晓建　金若男　严森高
张学谦　陈　鑫　张　云
张超岳　马家磊　司福强
周景民　邢　志　戴列峰
刘清涛　刘红阳　吴登阳
赵　巍　郭　新　沈　蕾

主审人员： 陈　梅　张　铎　郭桂芳
于　格　秦　勇　曾　杰
王二力　崔圣青　王玉强

前　言

人工智能是发展新质生产力的重要引擎，基于人工智能技术的视频监控系统已在各行各业普遍应用。视频传感器即摄像机作为目前使用最普及、最常见的传感器，是视频监控系统最主要的信息来源。

随着铁路建设的高速发展，运营线路不断延长，铁路运输安全的重要性不言而喻。视频监控系统作为保障铁路安全的一个重要手段，近年来也有了长足的发展。从2007年以来，铁路持续大力开展了综合视频监控系统的建设，并不断向网络化、高清化、数字化和智能化发展。摄像机每年均以几万路的规模增长，数字高清摄像机也得到广泛应用。截至2023年底，铁路综合视频监控系统接入国铁集团的图像已超过20万路。

最初铁路大量采用的是枪型模拟摄像机，但随着技术的成熟和需求的不断扩大，摄像机种类不断增加，目前一体化球型摄像机、一体化半球摄像机、固定枪型摄像机、云台枪型摄像机、激光云台枪型摄像机、非制冷型红外热成像摄像机、枪球一体摄像机和全景摄像机已经大量部署在铁路车站、线路、区间、桥梁、隧道口以及各类重点位置。随着云技术、大数据、人工智能的发展，摄像机的产品形态更加丰富，具有深度学习和智能算法的摄像机也已广泛投入使用。

据不完全统计，仅国铁集团的线路、车站及各业务系统的摄像机数量就已超过百万。这些摄像机在运输安全、调度指挥、工程施工和应急救援等各方面发挥了重要作用，但同时也为维护管理带来巨大的压力。在视频监控系统中，摄像机的故障率超过 60%，摄像机的质量与可靠性直接关系着视频监控系统的图像质量和有效性。2021 年国铁集团根据安全运维的需要组织对《铁路综合视频监控系统技术规范》进行了修编，并在 2022 年发布了 Q/CR 575—2022《铁路综合视频监控系统技术规范》。为保证视频系统的整体性能和质量，规范对前端采集设备摄像机的功能性能做了大量修改补充。为帮助使用和维护人员尽快掌握摄像机的维护与故障处理、尽快了解规范的内容和要求，从源头上提高视频系统的运维质量，保证系统的有效性，中关村轨道交通视频与安全产业技术联盟组织编写了《铁路视频监控摄像机知识问答》，对摄像机的关键指标、常见故障的处理进行了解答。

本书结合铁路综合视频监控系统的技术发展和运用现状，采用问答方式，对 Q/CR 575—2022 涉及摄像机的要求进行了较为全面的介绍；对维护中常见问题及设备故障进行了分析，给出了简洁明了的解答；根据技术发展介绍了各类新型的摄像机及用途；对摄像机的安装做了较为详细的介绍。

本书的出版发行,必将引起铁路运维管理部门对视频技术的更多关注,将有助于铁路综合视频监控系统运维水平的提高,也希望引领铁路视频技术向更广泛、更智能的方向发展,为智能铁路建设作出贡献。为提高可读性,编写单位广泛收集了各铁路局集团公司在维护摄像机中遇到的常见故障及解决方案,并对国铁集团《铁路综合视频监控系统技术规范》中关于摄像机的要求进行了解读。

本书的编写人员主要来自视频监控系统的科研、设计、生产、维护和管理等方面的专家。全书分为六篇,从铁路视频监控摄像机的基础知识、主要功能性能与应用、国家和铁路相关标准、日常维护与故障处理和施工安装等方面,重点梳理了摄像机数字化、智能化的技术发展以及铁路各场景的典型应用等。本书采用问答方式,简明扼要地提出和解答了铁路视频监控系统中有关摄像机的技术、标准和维护中的常见问题,同时对施工安装也给出了有价值的建议。

本书有助于对铁路视频监控系统标准规范的学习理解,可供铁路行业运用、维护视频监控系统的专业技术人员学习参考,也可作为铁路行业员工培训教材。

本书在编写过程中得到国铁集团工电部及各铁路局集团公司、设计院领导及专家的大力支持,在此一并表示感谢。

参与本书编写的单位有:中国铁路北京局集团有限公司北京铁路通信技术中心、浙江大华技术股份有限公司、杭州海康威视数字技术股份有限公司、济南和普威视光电技术有限公司、华为技术有限公司、深圳中天银河科技有限公司、通号通信信息集团有限公司、中铁建电气化局集团有限公司。

编　　者

2024 年 5 月

目　录

一、基　础　篇

1. 什么是 H. 264?

H. 264(高度压缩数字编码器标准)是国际标准化组织(ISO)和国际电信联盟(ITU)共同提出的继 MPEG4 之后的新一代数字视频压缩格式。H. 264 是 ITU-T 以 H. 26×系列为名称命名的视频编解码技术标准之一,是 ITU-T 的 VCEG(视频编码专家组)和 ISO/IEC 的 MPEG(活动图像编码专家组)的联合视频组(JVT:Joint Video Team)提出的数字视频编码标准。它既是 ITU-T 的 H. 264,又是 ISO/IEC 的 MPEG-4 的第 10 部分,也称为 MPEG-4 Part 10 或 AVC(高级视频编码)。

H. 264 于 2003 年 3 月正式发布。H. 264 是一个需要许可证才能使用的开放标准,它最大的优势是具有很高的数据压缩比率。在同等图像质量的条件下,与采用 M-JPEG 和 MPEG-4 Part 2 标准相比,H. 264 编码器可使数字视频文件的大小分别减少 80% 和 50% 以上,这意味着视频文件所需的网络带宽和存储空间将大大降低。从另一个角度来说,在某一特定比特率下,视频图像质量将得到显著提高。

H. 264 由于算法优化,当帧率为 25 fps、图像分辨率为 1 080 P(1 920×1 080)时,单路媒体流的平均存储流量不应大于 4 Mbit/s。

2008 年以后,采用 H. 264 编码标准的视频设备被广泛应用到国内视频监控系统中。

2. 什么是 H. 265?

H. 265 是 ITU-T VCEG 继 H. 264 之后制定的新的视频编码标准,其全称为高效视频编码(High Efficiency Video Coding)。H. 265 使用先进的技术用以改善码流、编码质量、延时和算法复杂度之间的关系,达到最优化设置。具体内容包括:提高压缩效率、提高鲁棒性和错误恢复能力、减少实时的时延、减少信道获取时间和随机接入时延和降低复杂度等。

在帧率为 25 fps,采用 H. 265 的压缩编码格式下,图像分辨率为 1 080 P 时,单路媒体流的传输速率不大于 2 Mbit/s;图像分辨率为 4K(3 840×2 160)时,单路媒体流的传输速率不大于 8 Mbit/s。

采用 H. 265 编码标准的 IP 摄像机 2013 年开始在国内应用,2017 年逐渐在铁路视频监控系统中得到应用和发展。

3. H. 265 比 H. 264 有什么优势?

H. 265(HEVC)的编码架构大致上和 H. 264(AVC)的架构相似,主要包含:帧内预测(Intra Prediction)、帧间预测(Inter Prediction)、转换(Transform)、量化(Quantization)、去区块滤波器(Deblocking Filter)和熵编码(Entropy Coding)等模块。但在 HEVC 编码架构中,整体被分为了三个基本单位,分别是:编码单位(Coding Unit,CU)、预测单位(Predict Unit,PU)和转换单位(Transform Unit,TU)。

比起 H. 264(AVC),H. 265(HEVC)提供了更多不同的工具来降低码率。对于编码单位,H. 264 中每个宏块(Macro

Block,MB)大小都是固定的 16×16 个像素,而 H. 265 的编码单位可以选择从最小的 8×8 个像素到最大的 64×64 个像素。

以图 1-1 为例,信息量不多的区域(颜色变化不明显,比如车体的红色部分和地面的灰色部分)划分的宏块较大,编码后的码字较少,而细节多的地方(轮胎)划分的宏块就相应的小和多一些,编码后的码字较多,这样就相当于对图像进行了有重点的编码,从而降低了整体的码率,编码效率相应提高。

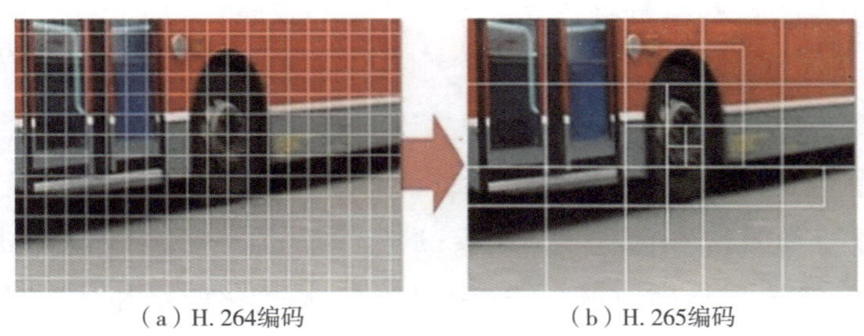

(a)H. 264编码　　(b)H. 265编码

图 1-1　H. 264 和 H. 265 编码单位对比图

4. 什么是 SVAC?

国家推荐性标准《公共安全视频监控数字视音频编解码技术要求》(GB/T 25724—2017)(Surveillance Video and Audio Coding,SVAC),由中华人民共和国公安部提出、全国安全防范报警系统标准化技术委员会归口,2017 年 6 月 1 日实施。SVAC 规定了公共安全视频监控应用的数字视音频压缩编码和解码过程,适用于公共安全领域的视音频实时压缩、传输、播放和存储等业务,其他需要视音频编解码的领域也可参考采用。

SVAC 具有中国自主知识产权，具备数据安全保护和视频智能分析等技术特点。根据权威机构的测评，该标准对高清和超高清视频图像的压缩性能均优于 H. 265。

SVAC 从三个方面解决当前国内视频监控产业存在的核心技术匮乏和信息安全隐患等问题：第一，支持视频与智能化技术结合，有利于实现视频监控的智能化应用；第二，支持对设备的加密与认证，支持视音频信息防篡改和加密，可以有效保护国家重要视音频信息安全；第三，自有知识产权属性将促进我国自主核心编解码芯片和相关产业的发展。

SVAC 视音频码流由一系列网络抽象单元(NAL)组成，除传统的图像编码数据外，还包含安全参数集、认证数据和监控扩展数据等 NAL 类型。安全参数集修订后更新了与安全相关的签名、加密和摘要算法表，新增最新国家密码算法 SM1、SM4、SM2、SM3 等，同时扩充密钥版本、初始化向量和计算模式等信息，可以更灵活支持密钥管理与更新。加密以 NAL 为单位进行，认证以帧为单位进行，数字签名由独立的认证数据 NAL 单元传输。

目前海康威视、大华公司的 SVAC 产品线具有前端摄像机、录像机及平台解码的整体解决方案。随着国家“天网工程”和“雪亮工程”的建设，SVAC 国家标准已在全国十几个省份的 100 多个城市示范推广应用。

5. 什么是码流和多码流？

(1)码流

码流是指视频数据在单位时间内的数据流量大小，也叫码率，它是视频编码画面质量控制中最重要的部分。

（2）多码流

多码流是指对同一个视频源，摄像机能够产生并传输多路不同帧率、分辨率或图像质量的码流，以满足不同用户的需求，实现本地存储、远程观看及移动终端用户查看等各种需求。需要注意的是，这些码流可能采用不同的编码压缩方式，并且相互之间应该是完全独立的，由摄像机直接生成而无须辅助手段。

实际应用中可采用多码流的方式满足不同的用户需求。例如：视频监控中心的电视墙可以选择大帧率和高分辨率的码流进行实时高画质的视频浏览；视频存储时可以选择高画质低帧率的码流，以便节省存储空间；对于工作人员手中的移动终端，可以选择更低码流进行实时视频的显示。

应用模式介绍：例如存储选用 300 万像素码流，本地客户端访问选用 1 080 P，电视墙显示选用 720 P，远程客户端访问选用 D1，而手机移动用户选用 CIF 或 QCIF 等更小分辨率，彼此之间毫无影响且能同时发送。这样就避免了网络摄像机中只有一种选择，既满足了高清监控需求，也节省了存储空间。

6. 什么是日夜切换？有哪几种模式？

日夜切换是指普通日夜型摄像机白天和晚上分别使用不同的滤光片工作。当白天光线充分时，感光元件还原出真实色彩；当夜间光线不足时，红外截止/吸收滤光片自动移开，全光谱光学玻璃开始工作，能够感应晚上红外灯的辅光，使感光元件充分利用到所有光线，从而大大提高红外摄像机的低照性能，整个画面清晰自然。实现方式上，分为电子式和机械式两种。

(1)电子式日夜切换:采用双通滤光片,摄像机内部程序实现彩色转黑白功能。

(2)机械式日夜切换:采用两块滤光片,日用与夜用分开,由发动机或者线圈控制其来回切换,从而达到更好的图像效果。

图 1-2(a)、(b)所示分别为日模式和夜模式下呈现的效果图片示例。

(a)日模式

(b)夜模式

图 1-2　日夜切换模式效果图示例

7. 什么是强光抑制?

传统的感光元件有动态范围的限制,在采集一幅图像的过程中只对整个图像采样一次,必然会出现对整个图像中明亮的区域过度曝光,或较暗的区域欠曝光的现象。强光抑制的功能就是采用数字信号处理(Digital Signal Processing,DSP)技术,把强光部分弱化,把暗光部分亮化,以达到光线平衡。

在图像中把强光部分的视频信息通过 DSP 处理,将视频信号亮度调整为正常范围,避免同一图像中前后反差太大。

强光抑制技术能有效抑制强光点直接照射造成的光晕偏大和视频图像模糊,能自动分辨强光点,并对强光点附近区域进行补偿以获得更清晰的图像。

加入强光抑制滤光处理芯片的网络摄像机可以有效抑制迎面的强光,在夜间监控道路车辆时,能较清晰地捕捉车辆车牌。适用于铁路车站出入口、收费站和停车场出入口等区域。

图 1-3(a)、(b)所示分别为强光抑制开启前后的效果图。

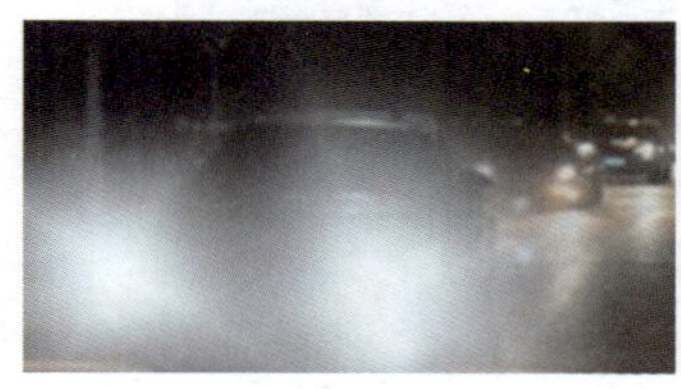

(a)强光抑制未开启

(b)强光抑制开启

图 1-3 强光抑制开启前后效果图

8. 什么是自动增益?

自动增益是指使放大电路的增益自动随信号的强度而调整的自动控制方法。实现这种功能的电路简称自动增益控制(Automatic Gain Control,AGC)环。AGC 环是闭环电子电路,是一个负反馈系统,它可以分成增益受控放大电路和控制电压形成电路两部分。

为了让监视器观看的信号尽可能保持在一定的亮度范围内,采用放大器对亮度信号进行处理,根据情况随时自动控制放大量,这就是所谓的自动增益控制。

AGC 有两种控制方式:一种是利用增加 AGC 电压的方式来减小增益的方式叫正向 AGC,另一种是利用减小 AGC 电压的方式来减小增益的方式叫反向 AGC,所需控制功率小,控制范围也小。

对于画面的效果而言,自动增益越高,画面越亮,但是噪点也会越大。

图1-4(a)、(b)所示分别为自动增益开启前后的效果图。

(a)未开启自动增益

(b)开启自动增益

图1-4　自动增益开启前后效果图

9. 什么是逆光补偿?

逆光补偿,也称为背光补偿,是把画面分成几个不同的区域,每个区域分别曝光。

常规摄像机在亮度较高的背景光场景中,需要监视门口或窗外的物体时,通常采用中央背光补偿(Back Light Control,BLC)模式,它主要是靠提升视场中央部分的亮度、同时降低视场四周部分的亮度,达到看清位于中央位置内物体的目的。

在某些应用场合,视场中可能包含一个很亮的区域,而被包含的主体则处于亮场的包围之中,主体画面一片昏暗,无层次。此时由于自动增益控制检测到的信号电平并不低,因此放大器的增益很低,不能改进画面主体的明暗度。当引入逆光补偿时,摄像机仅对整个视场的一个子区域进行检测,通过求此区域的平均信号电平来确定AGC电路的工作点。由于子区域的平均电平很低,AGC放大器会有较高的增益,使输出信号的幅值提高,从而使监视器上的主体画面明朗,大大降低背景画面与主体画面的主观亮度差,整个视场的可视性得到改善。逆光补偿虽然改善了拍摄主体的亮度,但是图像质量或多或少会劣化下降。

图 1-5(a)、(b)所示分别为逆光补偿开启前后的效果图。

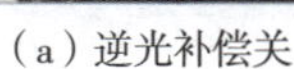
(a) 逆光补偿关

(b) 逆光补偿开

图 1-5　逆光补偿功能开启前后效果图

10. 什么是白平衡？白平衡有什么作用？

白平衡是指无论在任何光源下,白色物体都可以还原成白色。人眼能适应色温的改变,不管是在室内还是室外环境,人眼看见白色仍是白色。而摄像机无法自动适应周围环境变化,当光线发生改变后拍出来的白色就会变色,因此采用白平衡技术解决这个问题。

摄像机内部有三个电荷耦合器件(Charge Coupled Device, CCD),它们分别感受蓝色、绿色、红色的光线,在预置情况下这三个感光电路电子放大比例相同,为 1∶1∶1 的关系,白平衡的调整就是根据被调校的景物改变这种比例关系。比如被调校景物的蓝、绿、红色光的比例关系是 2∶1∶1(蓝光比例多,色温偏高),那么白平衡调整后的比例关系为 1∶2∶2,调整后的电路放大比例中明显蓝的比例减少，增加了绿和红的比例，这样被调校景物通过白平衡调整电路得到所拍摄的影像，蓝、绿、红的比例才会相同。也就是说如果被调校的白色偏一点蓝，那么白平衡调整就改变正常的比例关系减弱蓝电路的放大，同时增加绿和红电路的比例，使所呈影像依然为白色。

11. 电子快门的工作原理是什么？

电子快门是相对相机的机械快门功能而提出的一个术语，它相当于控制 CCD 图像传感器的感光时间。由于 CCD 感光的实质是信号电荷的积累，感光越长，信号电荷积累时间也越长，输出信号电流的幅值也越大。因此通过电子快门调整特定时钟脉冲的宽度来实现控制 CCD 的感光时间，从而决定输出图像的亮暗，即通过 DSP 控制 CCD 感光时间的方式来实现画面亮度的控制。

电子快门，并不是真正意义上的“门”，而是利用了 CCD 感光系统不通电不工作的原理，在 CCD 不通电的情况下，尽管像场窗口仍然“大敞开”，但是并不能产生图像。CCD 只工作“一个指定的时间长短”，就也能获得像有快门“瞬间打开”一样的效果。

全电子式快门以机身内的电池作为能源，自动控制测光和曝光。

电子快门速度的标值有 1/50 s、1/100 s、1/200 s、1/500 s、1/1 000 s、1/10 000 s 等分级，不同机器设置不同。电子快门设置越高，拍摄移动中物体的边缘会越清晰，但低照度效果会差。

图 1-6 展示了 1/1 000 s 快门速度和 1/4 s 快门速度设置下的图像效果示例。

（a）1/1 000 s快门速度

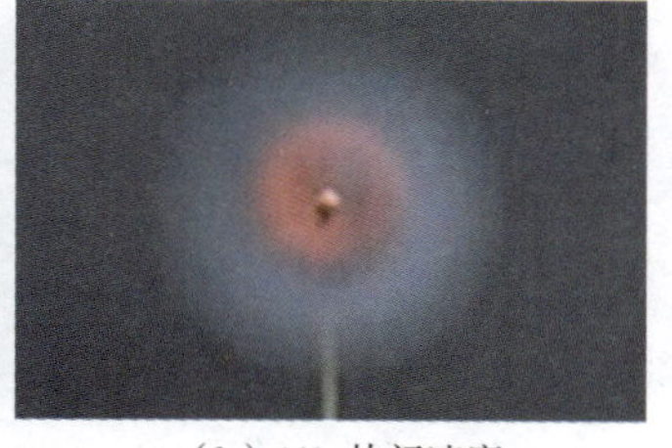
（b）1/4 s快门速度

图 1-6 电子快门设置效果图

12. 自动光圈有什么作用?

光圈的作用是调节透过镜头的光的数量。自动光圈的基本原理是:根据被摄景物的照度,利用视频信号的反馈,使光圈做相应的扩大或缩小,保持合适的进光量,从而得到规定的输出信号强度,使摄像机视频信号的白色电平保持在规定的数值上。当所摄取的景物照度高时,摄像机的视频信号幅度随之增大,若超过规定的信号电平,自动光圈电路将产生相应的电压去控制镜头光圈,使其关小,直至视频信号输出幅度符合要求为止;若景物照度变低,自动光圈电路将调整光圈使其开大,增加视频信号的输出幅度。

对于环境照度处于经常变化的应用场景,如随日照时间而照度变化较大的门厅、窗口及大堂内等,均需选用自动光圈镜头(必须配以带有自动光圈镜头插座的摄像机),这样便可以实现画面亮度的自动调节,获得良好的较为恒定亮度的监视画面。

自动光圈镜头的控制信号分为直流电压(DC)控制和视频信号(VIDEO)控制两种,要求选择自动光圈镜头类型、插座的连接方式和镜头驱动方式开关时,注意三者协调配合。

13. 什么是电子防抖?

电子防抖是使用数字电路或软件进行画面处理,从而保持画面稳定。当摄像机需要安装在运动场景下或是列车通过时导致摄像机抖动的情况需要电子防抖功能。

图 1-7 所示为电子防抖工作原理示意图,给出了采用软件方式实现电子防抖效果。

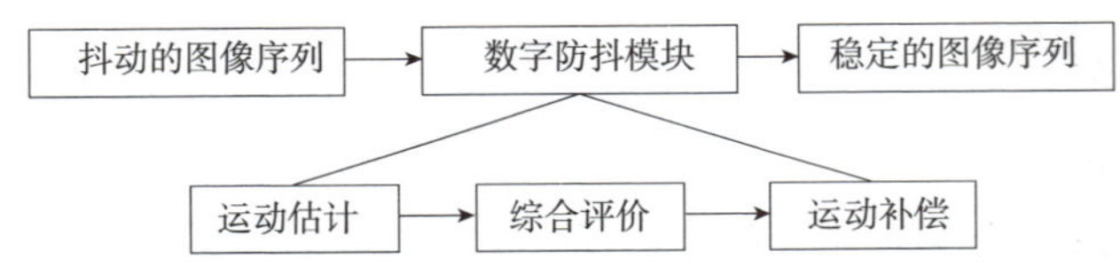

图 1-7 电子防抖工作原理示意图

由于防抖摄像机一直在运动状态,因此需要补偿在运动中的随机抖动。该技术通过预先裁切出画面的一部分,并对画面抖动的方向轨迹做出判断,最终对画面进行动态裁切,实现对抖动的补偿。

图 1-8 展示的是电子防抖关闭和开启的效果图。

(a)电子防抖关闭

(b)电子防抖开启

图 1-8 电子防抖关闭和开启的效果图

14. 什么是光学防抖？

光学防抖技术是利用安装在镜头里的一组可以上下左右活动的镜片（PSD 镜片）来纠正"光轴偏移"。

其实现原理为：拍摄者在按下快门的瞬间，相机会轻微抖动，通过镜头内的陀螺仪侦测到微小的移动，然后将信号传至微处理器。之后处理器立即计算需要补偿的位移量，然后通过补偿镜片组，根据镜头的抖动方向及位移量加以补偿，从而克服因相机振动产生的影像模糊。

图 1-9 所示为光学防抖开启前后图像效果。

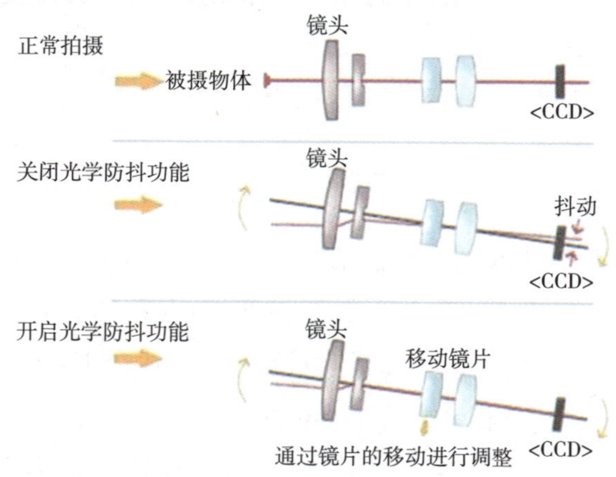

图 1-9　光学防抖开启前后图像效果示意图

15. 如何实现电子透雾？

电子透雾采用智能算法实现，透雾算法大致可以分为两大类：一种是非模型的图像增强方法，通过增强图像的对比度，满足主观视觉的要求来达到清晰化的目的；另一种是基于模型的图像复原方法，它考查图像退化的原因，将退化过程进行建模，采用逆向处理以解决图像的复原问题。电子透雾图像为彩色画面，适用雾比较小的场景。

图 1-10 展示了采用电子透雾技术前后图像画面效果对比图。

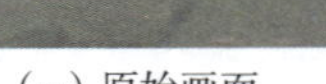

（a）原始画面

（b）电子透雾

图 1-10　采用电子透雾技术前后图像画面效果

16. 如何实现光学透雾？

光学透雾技术是利用光在不同波段有不同特性这个特点实现的。自然光由不同波长的光波组合而成，波长从长到短分别是红、橙、黄、绿、青、蓝、紫七种颜色，其中波长小于 390 nm 的叫作紫外线，波长大于 780 nm 的叫作红外线。红外线波长较长，在传播时受气溶胶的影响较小，可穿透一定浓度的雾霭烟尘，实现准确聚焦，这就是光学透雾的依据。

光学透雾采用红外波段，故图像是黑白画面，适用雾大的场景。

图 1-11 展示了采用光学透雾技术前后图像画面效果对比图。

（a）原始画面

（b）光学透雾

图 1-11 采用光学透雾技术前后图像画面效果

17. 如何实现时间同步？

时间同步是通过对本地时钟的某些操作，达到为分布式系统提供一个统一时间标度的过程。在集中式系统中，由于所有进程或者模块都可以从系统唯一的全局时钟中获取时间，因此系统内任何两个事件都有着明确的先后关系。而在分布式系统中，由于物理上的分散性，系统无法为彼此间相互独立的模块提供一个统一的全局时钟，而由各个进程或模块各自维护它们的本地时钟。由于这些本地时钟的计时速率、运行环境存在不一致性，因此即使所有本地时钟在某一时刻都被校准，一段时间后，这些本地时钟也会出现不一致。为了这些本地时钟再次达到相同的时间值，必须进行时间同步操作。

摄像机支持采用网络时间协议（Network Time Protocol，NTP）进行时间同步。

时间同步仅仅是让设备时间一致，只有自动与时间服务器NTP 进行校准才能实现既同步又准确。如果摄像机可以与互联网通信，校准的 NTP 服务器就可以使用互联网中的，比如time. nist. gov。如果无法与互联网连接，这时需要一台 24 h 运行的服务器，服务器自动与互联网校时后，通过自己的 NTP 服务为网络中的监控设备提供时间校准服务。

18. 什么是无红曝？为什么要采用无红曝摄像机？

人类肉眼能看到的可见光分别是由紫、蓝、青、绿、黄、橙、红等 7 色光组成。可见光波长范围是 400 ~ 700 nm，超出这个范围的就是不可见光。波长超过 700 nm 的光线叫作红外线，红曝就是发射的红外线中包含可见光成分，一般 900 nm 以上的红外线基本无红曝，波长越短，红曝越强，红外线感应度也越高。

存在红曝现象的监控摄像机，夜间红光明显，给部分客户造成不便。尤其是在较敏感场景，如交通信号灯旁，监控设备红外灯的红色光与信号灯的红色光颇为相似，会给出行的人们造成视觉上的混淆和困扰；再如纪检督察行业，对监控设备的隐蔽性要求更高，设备的红曝现象也会为其工作的展开带来极大不便。

无红曝技术对主动照明模块和镜头分别做提升优化，采用特殊的材料及透镜、补光灯设计，力求消除溢出的可见红光。如此，在黑夜中，人眼距离补光灯 1 m 外环视周围时无法发现红色光。无红曝技术可实现在保证摄像机补光效果良好的同时，达到较理想的无红曝效果。铁路沿线视频监控要求采用无红曝补光技术。

图 1-12 所示为采用普通红外补光和无红曝补光的效果图。

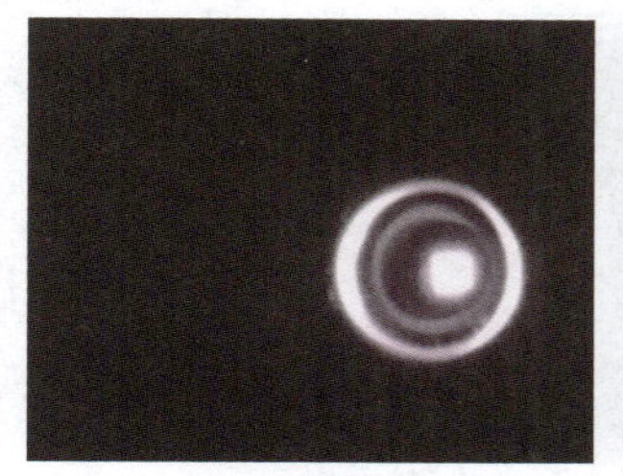
（a）普通红外补光

（b）无红曝补光

图 1-12 采用普通红外补光和无红曝补光的效果图

19. 什么是畸变？畸变影响如何？

畸变是透镜成像时，视场中不同区域所形成的影像因放大率不同，使成像画面出现扭曲变形，但不影响成像清晰度，通常分为“枕形畸变”和“桶形畸变”。

畸变属于成像的几何失真，由于焦平面上不同区域对影像的放大率不同而形成的画面扭曲变形，变形的程度从画面中心到画面边缘依次递增。随着监控场景的扩大，需要的视角范围也相应扩大，畸变随视场增大而增大，被监控的目标会发生变形和失真，造成错觉和错误的判断。在追求大视场前提下，成像畸变越小越好。

畸变会使画面中人物/物体边缘尺寸明显变形失真，可能导致物体识别算法失效，可在摄像机端进行图像矫正处理。要求镜头低畸变的应用场景，则应选用畸变低的或非球面设计的镜头配合使用。

图 1-13 所示为是各种畸变的示意图。离主轴越远，畸变越大。畸变仅是像的变形，不影响像的清晰度。焦距越小，视场角越大，畸变越严重。

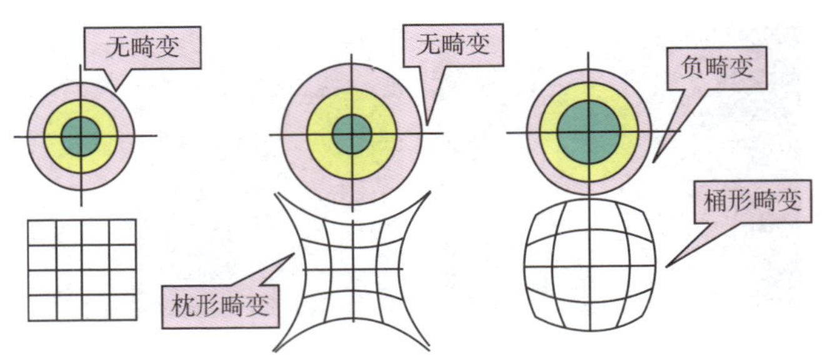

图 1-13　畸变示意图

图 1-14 所示为发生畸变的实景图。

图 1-14　畸变实景图

20. 什么是宽动态?

宽动态场景是指同时存在高亮区和弱光暗区等反差过大的场景,常规摄像机因图像传感器的感光特性所限制,拍摄图像时往往不能同时兼顾两个区域的物体细节。一种是前景暗处图像过黑无法分辨,另一种是背景亮处过曝,白成一片。宽动态技术就是通过光学、传感器和图像处理等部分的特殊设计,实现同时对亮区和暗区物体细节进行采集显示的技术。常规宽动态是同一时间曝光两次，一次快，一次慢，再进行合成，能够同时看清画面上亮与暗的部分。

新的宽动态技术采用多帧曝光和低延时双数据输出结构，配合先进的融合及去诡影图像处理技术，根据动态范围自适应调整画面亮度。可极大提升暗区亮度，如背光人脸亮度，还原高亮区域细节，甚至可获得高达 140 dB 的超宽动态范围，同时优化多帧融合造成的运动诡影。

图 1-15 所示为宽动态开启前后图像效果对比。

（a）宽动态关闭

（b）宽动态开启

图 1-15　宽动态开启前后图像效果对比图

21. 什么是摄像机分辨率？

分辨率是指图像的大小或尺寸。常见的分辨率有 QCIF（176×144）、CIF（352×288）、4CIF（704×576）、VGA（640×480）及百万像素如 1 080 P。在成像的两组数字中，前者为图片长度，后者为图片的宽度，两者相乘得出的是图片的像素数。长宽比一般为 4∶3 格式，在高清视频监控中主要为 16∶9 格式。通常 16∶9 的高清摄像机分辨率为 720 P（100 万），1 080 P（200 万），4∶3 的高清摄像机分辨率 1 920×1 080（200 万），1 280×960（130 万）。

22. 什么是帧率?

帧率是每秒显示图像的数量。一帧就是一幅静止的画面,连续的帧序列就形成动画,如电视图像等。通常说的帧率,是指在 1 s 时间里传输和显示的图片帧数,也可以理解为图形处理器每秒钟能够刷新几次,通常用 fps(frames per second)表示。快速连续地显示多帧便形成了运动的“假象”,高的帧率可以得到更流畅、更逼真的动画。每秒钟帧数越多,fps 值越高,所显示的视频动作就会越流畅,码流需求就越大。

帧率也是影响图像质量的重要因素,当帧率小时,看画面会有卡顿现象,人眼可识别帧率为 24 fps,当帧率大于等于 25 fps 时可认为是连续画面。帧率也有两种不同格式:PAL 格式采用 25 fps 帧率,扫描线为 625 行,中国、德国等国使用;NTSC 制,帧频为 30 fps,扫描线为 525 行,美国、日本等国使用。

23. 什么是水平分辨力?

水平分辨力是在图像高度相等的水平尺寸内可分辨的垂直黑白条数(TV 线)。

在测试摄像机“辨析被摄景物细节”的能力时,一般会使用到分辨力这一术语。分辨力的定义为:对一帧等宽黑白相间的线条图像,分辨其黑白线条最小宽度的能力,以常用测试图上鉴别出的每帧高度中的最大线数来表示(参见 GB 20815—2006)。分辨力的单位是“电视线(TVL)”,在水平和垂直两个方向上又分为水平分辨力和垂直分辨力。

一般评估模拟摄像机分辨率的指标是水平清晰度,其单位为线对,即成像后可以分辨的黑白线对的数目。目前市场上常用的模拟摄像机标称的水平清晰度在420~650 TVL,数值越大成像越清晰。通常摄像机实际测试的水平清晰度比标称的数值要低,例如标称420线的摄像机实际测试在330 TVL左右,标称480线实际测试在420~450 TVL之间,标称540 TVL实际测试在450~500 TVL之间,标称600 TVL实际测试和540 TVL相差不多。在500 TVL左右,在线数上没有明显优势,而最新SONY推出的EFFIO方案标称理论值在650 TVL,实际测试在600 TVL左右,清晰度上有了明显的提升。一般的监视场合,用400 TVL左右的摄像机就可以满足要求。对于医疗和金融等需要图像处理的特殊场合,用600 TVL以上的摄像机能得到更清晰的图像。

通常200万像素摄像机的水平分辨力不小于900 TVL,800万像素摄像机的水平分辨力不小于1 800 TVL。

二、标 准 篇

1.《铁路综合视频监控系统技术规范》(Q/CR 575—2022)

《铁路综合视频监控系统技术规范》自 2008 年发布以来,经历了 2013 年、2017 年的多次修编。根据铁路建设以及技术发展,国铁集团 2021 年启动新的技术标准修编工作,《铁路综合视频监控系统技术规范》(Q/CR 575—2022)于 2022 年 08 月 15 日发布,2023 年 01 月 01 日实施。

文件规定了铁路综合视频监控系统的系统结构、功能要求、性能要求、网络安全防护要求、资源标识要求、信息传输交换控制要求、时间同步要求、主要设备技术要求、产品标识要求和运行环境要求。

文件适用于铁路综合视频监控系统的产品设计制造和运行维护,也可作为验收和测试的依据。

文件规定铁路综合视频监控系统由视频节点(包括视频核心节点、视频区域节点、视频接入节点)、前端设备(包括摄像机、NVR 等设备)、网络设备和视频终端(包括管理终端、用户终端)组成。

视频核心节点、视频区域节点、视频接入节点宜支持视频云计算、视频云存储技术(简称云计算、云存储),实现对计算资源、存储资源、网络资源的统一利用与统一管理。

系统的业务功能包括视音频编解码功能、视音频实时监视与回放功能、视音频存储功能、视音频分发及转发功能、云镜控制功能、公告功能、地理信息辅助功能、联动功能、前端视频内容分析管理功能、视频图像质量诊断功能、视频节点云计算功能、视频节点云存储功能和字符叠加功能。

新的标准采用了云架构设计、云计算以及云存储等,技术更加先进;对视频系统增加了更多智能化的功能要求以及网管智能化要求;在前端采集设备方面增加了长焦激光摄像机、抢球一体机、全景摄像机以及红外热成像摄像机的要求,并充分考虑了技术发展以及智能化等方面的要求。新标准对标国标更加强调互联互通及信息共享,适应管理需要,更体现了一体化综合视频的建设理念。新标准的发布实施将有力地推动和提升铁路综合视频监控系统的技术发展。

2.《铁路通信网络安全技术要求　第 4 部分:综合视频监控系统》(Q/CR 783.4—2021)

《铁路通信网络安全技术要求》(Q/CR 783)规定了铁路通信网络的总体安全要求和各专业系统的特殊安全要求,现已发布 4 个部分标准。第 1 部分:总体技术要求;第 2 部分:承载网;第 3 部分:铁路数字移动通信网(GSM-R);第 4 部分:综合视频监控系统。

《铁路通信网络安全技术要求　第 4 部分:综合视频监控系统》(Q/CR 783.4—2021)于 2021 年 12 月 9 日发布,2022 年 1 月 9 日实施。

标准规定了铁路综合视频监控系统(简称“视频系统”)的网络安全要求,包括视频网络要求、视频系统安全域划分、边界保护区要求、应用服务区要求、前端设备区要求、终端设备区要求、视频安全管理技术要求、视频节点安全防护要求和其他要求等。文件适用于视频系统网络安全的系统设计和运行维护管理。

基本要求中规定了视频业务平台由视频服务器组和存储设备等组成，具备访问控制、视频存储、分发、接入或视频资源管理等功能；视频安全平台由服务器及相关功能模块组成，具备对安全设备或安全组件统一管控、集中监测等功能，并能够对视频网络中发生的各类安全事件进行识别、告警和分析，同时还具备对视频系统中各类安全设备拓扑图、安全事件告警、安全风险、设备资产、系统及设备漏洞等进行统计并集中展示的功能。

视频系统符合下列基本要求：

a）视频系统网络安全总体要求应符合 Q/CR 783.1—2021 中的相关规定；

b）网络设备的业务处理能力应满足业务高峰期要求；

c）网络各个部分的带宽应满足业务高峰期需要；

d）应采用统一规划的 IP 地址，根据不同的设备类型划分不同的网段；

e）不应将视频业务平台区域部署在边界处，视频业务平台区域与其他网络区域之间应采取可靠的技术隔离手段；

f）应提供视频节点间的通信线路和关键网络设备的硬件冗余，以及存储基本配置信息、用户信息、设备信息、授权信息和优先等级等重要信息设备的硬件冗余，保证系统的可用性；

g）应采用校验技术或密码技术保证通信过程中数据的完整性；

h)应采用密码技术保证通信过程中数据的保密性。

3.《公共安全视频监控联网信息安全技术要求》(GB 35114—2017)

国家强制标准《公共安全视频监控联网信息安全技术要求》(GB 35114—2017)于 2017 年 11 月 1 日发布,2018 年 11 月 1 日实施。标准全面定义了构建安全的公共安全视频监控联网系统各项技术要求,可保障视频数据及控制信令的真实性、完整性和保密性。国家发改委发布的《关于加强公共安全视频监控建设联网应用工作的若干意见》要求,到 2020 年,基本实现“全域覆盖、全网共享、全时可用、全程可控”的公共安全视频监控建设联网应用。

GB 35114—2017 标准要求构建完整的公共安全视频监控联网信息安全系统。在联网层面保证视频源和调用者可信接入,保证视频数据安全共享。视频数据传输过程完整可靠,从传输到存储全程加密。建立统一的数字证书颁发体系和密钥管理系统。基于自主可控的国密算法和编解码技术,保证视频数据安全。

GB 35114—2017 对接入协议的要求基于 GB/T 28181 的定义,标准包含 A、B、C 三个等级的安全要求,且向前包含。A 级核心要求为设备间基于数字证书的双向身份认证,用户登录设备基于数字证书双向/单向身份认证,控制信令校验;B 级要求音视频采用 SVAC 2. 0 编码格式,关键帧进行数字签名;C 级要求对码流进行基于国密算法的全码流加密。

前端设备分级见表 2-1。

表 2-1　前端设备分级

等级	基于数字证书与管理平台双向设备认证能力,达到身份真实目标	基于数字证书的视频数据签名能力,达到视频来源于真实设备且可校验视频是否遭到篡改的目标	视频加密能力,达到视频加密保护目标
A 级	√	—	—
B 级	√	√	—
C 级	√	√	√

《公共安全重点区域视频图像信息采集规范》(GB 37300—2018)于 2020 年 1 月 1 日正式实施,标准规定了公共安全重点区域视频图像信息采集部位和采集种类、技术要求和采集设备要求。重点区域采集设备的安全等级应至少符合 GB 35114—2017 中的 A 级安全前端设备的相关要求,绝大部分部门自建点位及部分社会面点位都覆盖在重点区域中。

GB 35114—2017 典型 A 级解决方案架构如图 2-1 所示。

前端摄像机必须集成国密加密模块以满足 GB 35114—2017 对国密算法能力的要求,前端摄像机可通过集成硬件国密加密芯片、配置可插拔国密 TF 卡和集成国密加密软件模块,具备国密算法能力。

集成国密加密软件模块时,需配套视频安全加密服务器满足安全性要求。

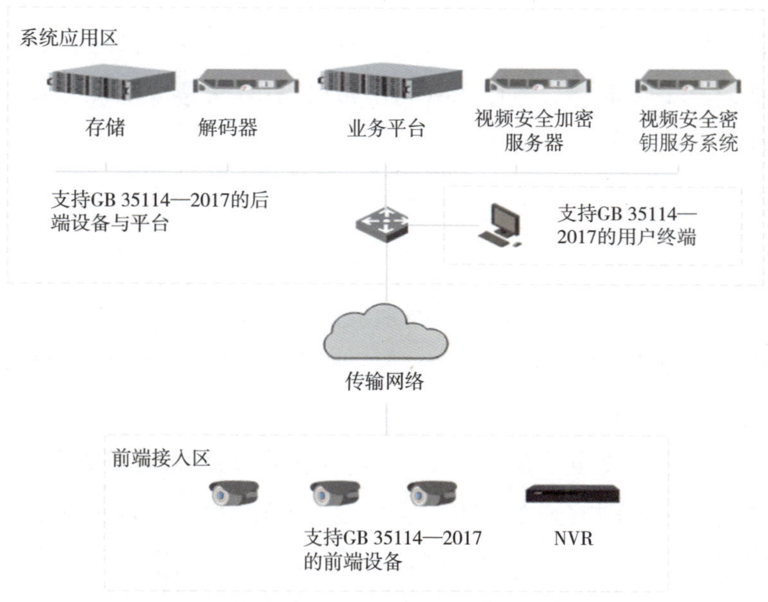

图 2-1　GB 35114—2017 典型 A 级解决方案架构

4.《公共安全重点区域视频图像信息采集规范》(GB 37300—2018)

《公共安全重点区域视频图像信息采集规范》(GB 37300—2018)是强制性国家标准，于 2018 年 12 月 28 日发布，2020 年 1 月 1 日实施。适用范围是公共安全视频监控联网系统中重点公共区域和重点行业和领域涉及公共区域的视频图像信息采集与管理。

主要要求有“采集设备的安全等级应至少符合 GB 35114—2017 中的 A 级安全前端设备的相关要求”。“采集设备输出的视音频信号应上传视频图像结构化信息的采集设备，接口协议应符合 GA/T1400.4 的规定”等。

GB 37300—2018 标准还规定了公共安全重点区域视频图像信息采集部位。适用于铁路车站出入口、售票大厅和候车大厅等开放区域的人员聚集部位。

5.《公共安全视频监控联网系统信息传输、交换、控制技术要求》(GB/T 28181—2022)

《公共安全视频监控联网系统信息传输、交换、控制技术要求》(GB/T 28181—2022)于 2022 年 12 月 30 日发布，2023 年 7 月 1 日实施。

该标准规定了公共安全视频监控联网系统的互联结构，传输、交换、控制的基本要求和安全性要求以及控制、传输流程和协议接口等技术要求，是视频监控领域的国家标准。

近年来，伴随着视频监控技术的不断发展，视频监控在公共安全领域的地位越来越重要，推动着我国视频监控设备行业规模逐步扩大。铁路视频监控也在飞速向着数字化、智能化、超高清化等方向演变，随之而来的兼容开放、智能处理，实现视频资源高度共享的统一平台要求也不断增加。GB/T 28181—2022 的实施将有力地推动视频监控联网系统的建设与发展。

6.《公共安全视频监控数字视音频编解码技术要求》(GB/T 25724—2017)

《公共安全视频监控数字视音频编解码技术要求》(GB/T 25724—2017)(以下简称 SVAC 标准)于 2017 年 3 月 9 日发布，2017 年 6 月 1 日实施。该标准是具有我国自主知识产权的、专门应用于安全防范视频监控技术领域的数字视音频编码技术标准。标准规定了公共安全视频监控应用的数字视音频压缩编码的解码过程。本标准适用于公共安全领域的视音频实时压缩、传输、播放和存储等业务，其他需要视音频编解码的领域也可参考采用。

标准的主要特点有：支持高精度视频数据编码，适应宽动态范围；支持多样化的帧内及帧间预测、变换量化等技术；支持感兴趣区域（ROI）变质量编码；支持可伸缩性视频编码（SVC）；支持数据安全保护等。

7.《安全防范视频监控摄像机通用技术要求》（GA/T 1127—2013）

《安全防范视频监控摄像机通用技术要求》（GA/T 1127—2013）于2013年12月20日发布，2014年1月1日实施。

标准规定了安全防范视频监控摄像机的分类与标识、技术要求、试验方法、检验规则、标志、包装、运输和储存等技术要求，适用于安全防范视频监控系统中使用的摄像机，其他领域应用的摄像机可参考采用。

《铁路综合视频监控系统技术规范》（Q/CR 575—2022）在摄像机的技术要求中参考引用了该标准，如主要设备性能要求的色彩还原、环境适应性、电源等条款。

三、应 用 篇

1. 移动侦测的作用是什么?

移动侦测,即动检功能,通过动态检测算法对连续的视频图像进行分析,检测图像指定区域内处于运动状态的物体。当运动对象的行为变化超过阈值时,可及时联动抓图、录像和报警。一方面可以对入侵者进行抓拍和录像,保留证据;另一方面可以大大减少实时录像给用户带来的存储成本。

图 3-1 所示为移动侦测图像效果。

图 3-1　移动侦测

2. 入侵检测的作用是什么?

入侵检测就是在视频中设定检测区域,对目标进入或离开该区域的事件进行检测，通常分为绊线入侵和区域入侵。

①绊线入侵

当目标穿越警戒线且满足用户设置的入侵方向时，使用告警框进行标识并触发联动规则，同时对目标持续跟踪。警戒线可以为直线或折线。

②区域入侵

当目标进入、离开或突然出现在用户设置的区域内，使用告警框进行标识并触发联动规则，同时对目标持续跟踪。

图 3-2 所示为入侵检测图像效果。

图 3-2　入侵检测

3. 遗留物检测的作用是什么？

遗留物检测是根据指定区域内图像的变化情况，识别遗留在该区域内的各种物品。遗留物检测算法一般采用深度学习技术，能够精准检测物品。

在摄像机画面中设置规则区域，若区域内出现遗留物品，且一段时间内物品周围没有行人，则进行报警。

物品：箱、包、盒子、袋子、非机动车等。

常见物品：电脑、电视、书本、瓶子、手机、桌椅凳、桶、婴儿车、玩具车等。

特定产品：如各行业场景下的作业工具等。

采用物品遗留检测功能，可以及时发现遗留物，避免遗留物对现场环境安全造成影响。

图 3-3 所示为遗留物检测图像效果。

图 3-3　遗留物检测

4. 逆行检测的作用是什么？

由于许多区域要求行人单向运动，因此检测视频中是否出现行人逆行异常事件，是保证安全的重要手段。

逆行事件的检测采用深度学习算法，通过对逆行行为的学习，生成逆行算法。在摄像机画面中设置规则区域，对目标进行实时跟踪，并通过判断其运动方向是否与规定方向一致，最终实现对逆行异常事件的检测。

图 3-4 所示为逆行检测图像效果。

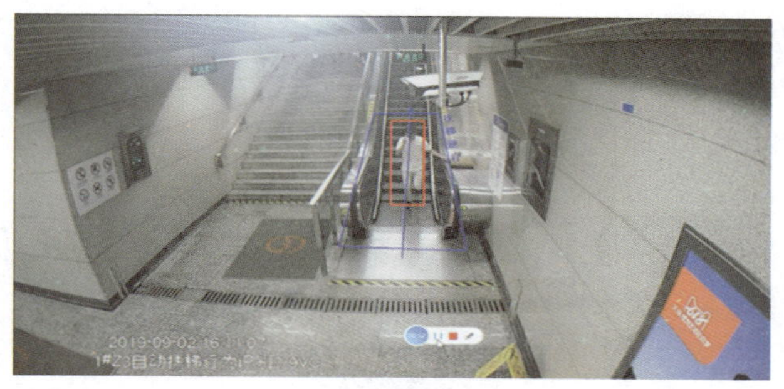

图 3-4 逆行检测

5. 如何实现人车物识别?

①人脸识别

人脸识别是基于人的脸部特征信息进行身份识别的一种生物识别技术。在目标确认的前提下,通过与特定数据库进行比对确认,实现人脸检测跟踪、分割校正和特征提取。通常也叫作人像识别或面部识别。

图 3-5 所示为人脸检测图像效果。

图 3-5 人脸检测

②人脸属性

人脸属性通过深度学习算法对抓拍到的人脸进行属性识别,属性包含:性别、年龄、表情、眼镜、口罩、胡子等。客户可针对属性进行抓拍目标筛选，协助公安快速查找符合特征组合的目标。

图 3-6 所示为人脸识别图像效果。

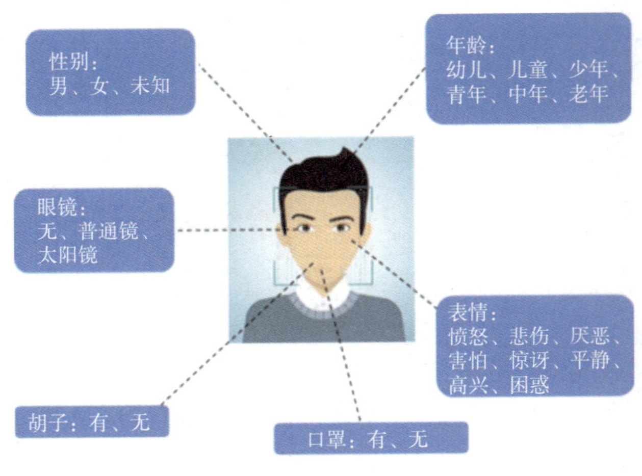

图 3-6　人脸识别

③车牌识别

车牌识别（Vehicle License Plate Recognition，VLPR）是指能够检测到受监控路面的车辆并自动提取车辆牌照信息（含汉字字符、英语字母、阿拉伯数字及号牌颜色）进行处理的技术。车牌识别是现代智能交通系统中的重要组成部分之一，应用十分广泛。它以数字图像处理、模式识别、计算机视觉等技术为基础，对摄像机所拍摄的车辆图像或者视频序列进行分析，得到每一辆汽车唯一的车牌号码，从而完成识别过程。通过一些后续处理手段可以实现停车场收费管理、交通流量控制指标测量、车辆定位、汽车防盗、高速公路超速自动化监管、闯红灯电子警察和公路收费管理等功能。对于维护交通安全和城市治安，防止交通堵塞，实现交通自动化管理有着现实的意义。

④机动车属性

通过深度学习智能算法对检测到的车辆进行属性识别，属性包括：车牌、车辆类型、车身颜色、车牌颜色、车标、车系/年款、遮阳板、安全带、抽烟、打电话、车内饰品和年检标志等。

图 3-7 所示为机/非/人目标属性获取图像效果。

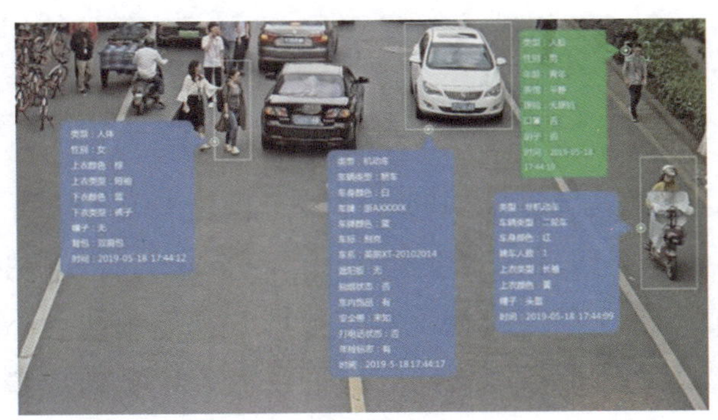

图 3-7　机/非/人目标属性获取

图 3-8 所示为目标属性获取图像效果。

图 3-8　目标属性获取

6. 为什么规定最大帧率不应低于 25 fps?

帧率也是影响图像的重要因素。当帧率小的时候,看画面会有卡顿现象,人眼可识别帧率为 24 fps,当帧率大于或等于 25 fps 时可认为是连续画面。帧率有两种不同格式:PAL 格式采用 25 fps 帧率,扫描线为 625 行,中国、德国等国使用;NTSC 制,帧率为 30 fps,扫描线为 525 行,美国、日本等国使用。

7. 摄像机靶面规格有哪些?

目前图像传感器采用的芯片大多数为 1/1.8 in 和 1/4 in。选用时,特别是对摄像角度有比较严格要求的时候,靶面的大小和靶面与镜头的配合情况将直接影响视场角的大小和图像的清晰度,镜头尺寸不能小于靶面尺寸,否则会出现暗角。常用的摄像机靶面规格见表 3-1。

表 3-1　常用摄像机靶面规格

摄像机靶面规格/in	成像比例(4:3)		成像比例(16:9)		对角线 *D*
	水平 *H*	垂直 *V*	水平 *H*	垂直 *V*	
1/4	3.6	2.7	3.92	2.21	4.5
1/3	4.8	3.6	5.23	2.94	6
1/2	6.4	4.8	6.97	3.92	8
1/1.8	7.2	5.4	7.76	4.36	9
2/3	8.8	6.6	9.59	5.39	11
1	12.8	9.6	13.95	7.87	16

注:引自《视频监控镜头》(GA/T 1352—2018)。

8. 摄像机的靶面为什么要和镜头匹配？

光学镜头在设计时成像焦平面是一个圆形，为了不影响图像质量又不造成过多性能浪费，通常要求摄像机 CMOS 传感器的对角线尺寸和镜头焦平面的直径相等或相近。若摄像机 CMOS 靶面大于镜头靶面，则会在画面周围出现暗角或黑边；相反，摄像机靶面小于镜头靶面，画面正常但会造成性能浪费。如 1/1.8 in 的摄像机，应选配等于或大于 1/1.8 in 的光学镜头，当摄像机 CMOS 靶面大于镜头靶面时，画面如图 3-9 所示。

图 3-9 靶面大于镜头

9. 网络摄像机的延时要求是多少？

Q/CR 575—2022 规定：“云镜控制响应时延不应大于 500 ms；视频编、解码时延不应大于 300 ms，音视频失步时间不应大于 300 ms。”

10. 光学镜头的二倍镜（增倍镜）作用及影响？

二倍镜（增倍镜）原本设计是额外可选的功能部件，用于增加(成倍)镜头焦距,实现部分场景超远距监控;但二倍镜对光学设计极高,必须和镜头一起进行光学设计,才能达到最优效果;但通用型/额外改造的二倍镜,会破坏原镜头原有复杂精密的光路,导致最终成像效果大幅下降,其表现包括清晰度严重下降,中心到边缘清晰度差异明显,甚至无法正常使用。所以 Q/CR 575—2022 规定镜头内外不应采用二倍镜。

11. 什么是最大亮度鉴别等级?如何规定?

亮度鉴别等级是指能够由人眼识别的图像的从黑到白的亮度等级。摄像机摄取灰度测试卡,在监视器上用目测法测量可分辨的最大灰阶数。Q/CR 575—2022 规定:“最大亮度鉴别等级不应小于 10 级。”

图 3-10 所示为灰度测试卡示意图。

图 3-10　灰度测试卡

12. 色彩还原要求是多少?

Q/CR 575—2022 规定:“色彩还原误差至少应满足 GA/T

1127—2013 中色彩还原误差 2 级要求,”即“平均 6<Δ_E≤15(6500K),平均 10<Δ_E≤25(其他色温)”。

13. 如何理解宽动态范围不应小于 100 dB?

宽动态是一个比值,它指图像范围内亮部和暗部的实际照度比值,如亮部照度为 10 000 lx,暗部照度为 100 lx,则该场景的宽动态范围为 10 000 lx/100 lx=100 dB。

当在强光源(日光、灯具或反光灯等)照射下的高亮度区域及阴影、逆光等相对亮度较低的区域在图像中同时存在时,摄像机输出的图像会出现明亮区域因曝光过度成为白色,而黑暗区域因曝光不足成为黑色,严重影响图像质量。摄像机在同一场景中对最亮区域及较暗区域的表现是存在局限的,这种局限就是通常所讲的“动态范围”。

宽动态范围达到 100 dB,可以在背光的环境中清晰显示前景和背景,不产生过曝或过暗的现象。

图 3-11 所示为宽动态效果图。

(a)未开启宽动态

(b)开启宽动态

图 3-11　宽动态效果图

14. 为什么规定图像画面周边亮度平均值与中心亮度平均值之比应大于60%？

Q/CR 575—2022 中对像面亮度均匀性规定：产品输出的图像像面周边亮度平均值与中心亮度平均值之比应大于60%。

图像画面周边亮度平均值与中心亮度平均值之比为相对照度，相对照度过低表现为对着亮度均匀景物，图像中心较亮，而四周较暗，叫作失光，俗称暗角（Shading），任何镜头都不可避免，相对照度过低还会导致色彩失真。实际使用过程中，当相对照度低于60%时，对取证的影响较大，故而将相对照度定为高于60%。

对亮度均匀视场所采集图像，会发现图片中央亮度高于四周的不均匀现象，这是由于镜头的渐晕和光传播衰减组合产生的影响。

规定图像像面周边亮度平均值与中心亮度平均值之比应大于60%，即要求摄像机的镜头有较低的渐晕和光传播衰减，保证图像周边亮度也能满足铁路使用要求。

15. 图像紫边对图像质量有什么影响？

自然环境中的光线由多种波长组成，而不同波长的光线通过玻璃透镜（未校正）后都会产生分散的自然现象，又称色差，最常见表现为紫色边缘；色差会使图像色彩失真，影响使用，通常画面边缘比中心更明显。

光学镜头属于高精密应用，跟厂商的设计能力和生产水平息息相关，优秀的镜头能在镜头光路设计或镀膜技术上实现最大程度校正改善，使得图像色差现象不明显，真实还原清晰的图像。

图 3-12 所示为有色差及校正效果图。

（a）有色差的图像

（b）经过校正的图像

图 3-12 有色差及校正效果图

16. 摄像机有哪些接口？各有什么作用？

Q/CR 575—2022 规定，摄像机应具有网络接口、音频接口、辅助接口等。这些接口作用如下：

I/O：报警信号的输入输出，可接声光报警器、音柱等，与开关量设备进行联动实现某些开关功能。

RS-485：串口设备的联动，可接传感器（协议需定制）。

RJ-45：传输摄像机的视频、控制以及通过网络协议进行特殊功能的实现、平台对接等。

音频输入：连接麦克风，进行现场声音的同步采集。

音频输出：连接音箱类产品，实现喊话、声音告警、对讲等功能。

网络接口：传输编码后的视频，安装现场配置设备。

光纤接口：传输编码后的视频，远程配置设备。

音频接口：输入输出音频信号，可接拾音器或喇叭。

电源接口：给摄像机进行供电。

图 3-13 所示为摄像机接口图。

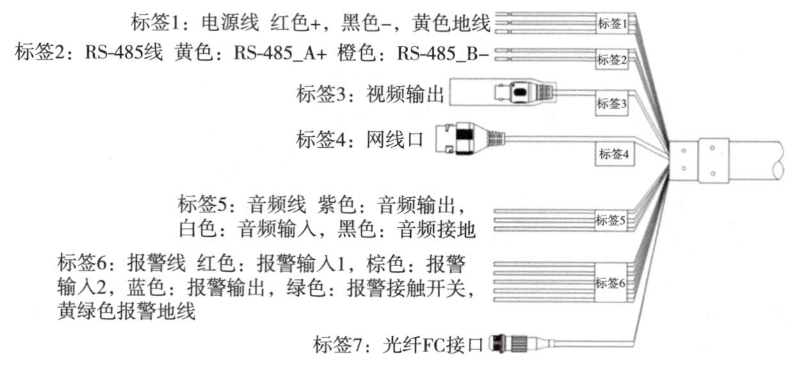

图 3-13　摄像机的接口

17. 摄像机有哪些协议?

目前大量应用的摄像机以网络摄像机为主,所以摄像机的协议以网络协议为主。例如 SNMP、TCP/IP、HTTP、RTP、RTSP、DHCP、DNS、FTP 等;除此之外,还有监控行业的控制、传输协议如 ONVIF、GB/T28181、GB/T1400 等。

(1)SNMP

SNMP(Simple Network Management Protocol)即简单网络管理协议,它的前身是简单网关监控协议(SGMP),用来对通信线路进行管理。随后,人们对 SGMP 进行了很大的修改,特别是加入了符合 Internet 定义的 SMI 和 MIB 体系结构,改进后的协议就是著名的 SNMP。SNMP 的目标是管理互联网 Internet 上众多厂家生产的软硬件平台,因此 SNMP 受 Internet 标准网络管理框架的影响也很大。

SNMP 设计简单,扩展灵活,可以应用在不同的终端设备上,SNMP 采用 UDP 传输协议,因此效率较高。但是 SNMP 的安全性稍弱,不支持业务部署功能,不适合管理大量的用户终端。

(2)HTTPS

HTTPS(Hypertext Transfer Protocol Secure),是以安全为目标的 HTTP 通道,在 HTTP 的基础上通过传输加密和身份认证保证了传输过程的安全性。HTTPS 在 HTTP 的基础上加入 SSL,HTTPS 的安全基础是 SSL,因此加密的详细内容就需要 SSL。HTTPS 存在不同于 HTTP 的默认端口及一个加密/身份验证层(在 HTTP 与 TCP 之间)。这个系统提供了身份验证与加密通信方法。它被广泛用于万维网上安全敏感的通信,例如交易支付等方面。

(3)SSH

安全外壳协议(Secure Shell,SSH)是一种在不安全网络上用于安全远程登录和其他安全网络服务的协议。

SSH 由 IETF 的网络小组(Network Working Group)所制定;SSH 为建立在应用层基础上的安全协议。SSH 是较可靠,专为远程登录会话和其他网络服务提供安全性的协议。利用 SSH 协议可以有效防止远程管理过程中的信息泄露问题。SSH 最初是 UNIX 系统上的一个程序,后来又迅速扩展到其他操作平台。SSH 在正确使用时可弥补网络中的漏洞。SSH 客户端适用于多种平台。几乎所有 UNIX 平台—包括 HP-UX、Linux、AIX、Solaris、Digital UNIX、Irix,以及其他平台,都可运行 SSH。

(4)GB/T 28181—2022

GB/T 28181—2022 协议信令层面使用的是 SIP(Session Initiation Protocol)协议,流媒体传输层面使用的是实时传输协议(Real-time Transport Protocol,RTP)协议,因此可以理解为GB/T 28181—2022是在国际通用标准的基础之上进行了私有化定制以满足视频监控联网系统互联传输的标准化需求。

(5)ONVIF

开放式网络视频接口论坛(ONVIF)是一个全球性的开放式行业论坛,其目标是促进开发和使用基于物理IP的安全产品接口的全球开放标准。ONVIF创建了一个视频监控和其他物理安全领域的IP产品如何进行相互通信的标准。ONVIF是由Axis Communications,博世安防系统和索尼于2008年创立的。

ONVIF主要为网络视频产品提供标准化网络开放式接口。论坛基于IETF和网络服务标准包括安防及IP规格要求,规范1.0版本包括:IP配置、查找设备、设备管理、影像配备、实时监控、事件分析、PTZ摄像机控制、视频分析、安防领域等。

(6)IPv4、IPv6

互联网通信协议第4版(Internet Protocol version 4,IPv4),是网际协议开发过程中的第四个修订版本,也是此协议第一个被广泛部署的版本。IPv4是互联网的核心,也是使用最广泛的网际协议版本,其后继版本为IPv6。

IPv6是Internet Protocol Version 6(互联网协议第6版)的缩写,是互联网工程任务组(IETF)设计的用于替代IPv4的下一代IP协议,号称可以为全世界的每一粒沙子编上一个地址。

(7)NTP

网络时间协议(Network Time Protocol,NTP)是用来使计算机时间同步化的一种协议,它可以使计算机对其服务器或时钟源(如石英钟,GPS 等等)做同步化,它可以提供高精准度的时间校正(LAN 上与标准间差小于 1 ms,WAN 上几十毫秒),且可由加密确认的方式来防止恶毒的协议攻击。NTP 的目的是在无序的 Internet 环境中提供精确和健壮的时间服务。

(8)《公安视频图像信息应用系统》(GA/T 1400.4—2017)

《公安视频图像信息应用系统》(GA/T 1400)分为 4 个部分:

《公安视频图像信息应用系统 第 1 部分:通用技术要求》(GA/T 1400.1—2017);

《公安视频图像信息应用系统 第 2 部分:应用平台技术要求》(GA/T 1400.2—2017);

《公安视频图像信息应用系统 第 3 部分:数据库技术要求》(GA/T 1400.3—2017);

《公安视频图像信息应用系统 第 4 部分:接口协议要求》(GA/T 1400.4—2017)。

18. 摄像机 IP 防护等级要求是什么?

铁路用摄像机防尘防水(IP)等级要求为:室外型摄像机不应低于《外壳防护等级(IP 代码)》(GB/T 4208—2017)中 IP66 的规定;室内摄像机不应低于 GB/T 4208—2017 中 IP54 的规定。

IP 防护等级的高低反映了设备的密封程度,主要指防尘和液体的侵入,IP 后的第一个数值表示抗固体的密封保护程度,第二位表示抗液体保护程度。

GB/T 4208—2017 中 IP 等级要求见表 3-2。

表 3-2　摄像机 IP 防护等级

第一个数字	防护要求	第二个数字	防护要求
0	无防护	0	无防护
1	防止 50 mm 直径和更大固体外来体	1	防止垂直方向滴水
2	防止 12.5 mm 直径和更大固体外来体	2	防止当外壳在 15°倾斜时,垂直方向滴水
3	防止 2.5 mm 直径和更大固体外来体	3	防淋水
4	防止 1 mm 直径和更大固体外来体	4	防溅水
5	防护灰尘	5	防喷水
6	灰尘封闭	6	防强烈喷水
		7	防护短时浸水
		8	防护长期浸水

19. 摄像机防爆要求是什么?

Q/CR 575—2022 规定:具有防爆要求的摄像机应符合《安全防范视频监控摄像机通用技术要求》(GA/T 1127—2013)中 5.3.1.8 的规定,即“具有防爆性能的摄像机应能经受 30 J 锐器工具冲击外壳 3 次,不应出现穿透洞口,试验后设备应能正常工作”。

20. 信噪比对图像质量有什么影响?

信噪比,(Signal-Noise Ratlo,SNR 或 S/N),是指一个电子

设备或者电子系统中信号与噪声的比例。

信噪比(SNR)是评价摄像机的重要技术指标之一。高信噪比的摄像机图像更清晰,可提供更多细节信息。

信噪比的计量单位是 dB。对于一幅图像来说,信噪比可以按照 10lg(信号/噪声)这个公式来计算,信噪比应该越高越好。信噪比高,反映在画质上就是画面干净无噪点;信噪比低会使图像粗糙噪声多,画面发灰不通透,对比度不够。

Q/CR 575—2022 规定:“激光云台摄像机的信噪比不应小于 56 dB,其余摄像机的信噪比不应小于 55 dB。”

21. 激光云台枪型摄像机对激光束有什么要求?

激光云台枪型摄像机的激光束是为了在夜晚进行补光。夜间对于远距离需要变焦观察,这要求激光束能够跟随摄像机变焦同步,且变焦后需激光束能够尽快补光到位,按标准要求同步时间不大于 1 s。

22. 激光衰减有什么要求?

激光摄像机是在监控摄像机上配上激光灯源,采用光机电一体化技术,实现夜间对目标的监视。同等安装体积下,激光净输出功率大,监视效果好。所以激光功率直接影响到夜视效果。通常情况激光器在长时间使用后都会有衰减,Q/CR 575—2022 规定:激光云台枪型摄像机的激光器累计工作不小于 20 000 h,光功率下降不应大于 30%。

23. 不同夜视距离下的镜头焦距有什么要求?

焦距,也称焦长,指从透镜中心到光聚集之焦点的距离。

不同的场景要选择不同的焦距。2.8 mm 的镜头可以用在储藏间等狭小空间的监控环境中，最佳监控距离 3 m 以内。4 mm 的镜头可以用在小商铺和家庭等室内环境中，最佳监控距离 3～5 m。6 mm 的镜头可以用在小商铺和家门口等场景下，最佳监控距离 5～10 m。8 mm 的镜头可以用在室外的道路胡同等场景下，最佳监控距离 10～20 m。12 mm 的镜头可以用来监控特定位置。比如一些特定的出入口，最佳检测距离 20～30 m 等。

夜视距离要求越远，镜头焦距需要越大。以激光摄像机为例，夜视距离为 1500 m 时，镜头焦距不应小于 750 mm；夜视距离为 500 m 时，镜头焦距不应小于 300 mm。

24. 什么是焦距误差？有什么要求？

焦距误差指镜头实测焦距值与镜头设计焦距的误差，Q/CR 575—2022 要求焦距误差小于±3%。

镜头焦距是在设计时基于理论而精密计算得出。而在实际中，镜片或摄像机在加工或装配时存在各种误差，最终会使得实际焦距值存在偏差。对于电动变倍镜头，电机位置反馈精度也受到传感器限制，通常会有一定误差。

通常焦距是保证成像质量条件下的关键技术指标，通过增倍镜、电子变倍等手段也可改变焦距值，但会带来图像质量显著下降，因此焦距值不能作为单一评价指标，应和光学分辨率（线对数）来综合评价。

25. 为什么规定温度变化对图像清晰度的影响程度？

当图像清晰度下降大于 50% 时，图像已无法辨别所监控场景。国内铁路沿线气温变化除极端条件下基本在 10 ℃±35 ℃以内，所以为满足铁路沿线的监控使用需求，Q/CR 575—2022 标准要求在气温变化 10 ℃±35 ℃以内时图像清晰度下降不应大于 50%。

光学器件容易受到温度影响，因此成像质量也会受到温度的影响而变化，CCD 或 CMOS 在低温或高温区间时有失真，需要通过软件算法解决和摄像机硬件结构来解决。因此要求设备具有温度补偿功能，保证图像在一定的温度变化下图像清晰度下降不大于 50%，能满足图像画面的监控需求。

26. 激光器光功率如何规定？

激光器功率指激光器的光功率，使用光功率计进行测量。不同级别的激光是不同的功率。具体级别划分和要求如下：

（1）一级激光属于低能量级激光设备，它非常安全并且可避免静电危险，没有生物性危害，使用激光设备时，无须其他辅助安全设备。

（2）二级激光也属于低能量级激光，功率小于 1 mW，但该激光会损害人的眼睛，应避免观看激光。

（3）三级 A 类激光属于强激光，是一个连续的激光波，属于中等能量发射装置，光的散射对人体有危害，一般功率在 1~5 mW。

（4）三级 B 类激光属于中等功率的激光器，禁止直视，无论什么时候在激光控制区内操作，都必须穿戴隔离服以及专用防护眼罩，禁止在有人类活动的区域使用，一般功率 5~500 mW。

（5）四级激光属于高功率的激光器，此激光非常危险，可导致火灾的发生,一般指功率大于 500 mW。

为保证补光效果,Q/CR 575—2022 对激光器光功率进行了如下规定:

镜头焦距不小于 750 mm:光功率不应小于 18 W;镜头焦距不小于 300 mm:光功率不应小于 8 W。

27. 云台载重有什么要求?

云台的载重是指垂直方向承受的负载能力,云台的载重量是选用云台的关键,如果云台载重量小于实际负载的重量不仅会使操作功能下降,而且云台的电机、齿轮也会因长时间超负荷损坏。Q/CR 575—2022 规定:

(1)焦距 500(含)~1 000 mm 的长焦摄像机:云台载重不应小于 50 kg;

(2)焦距 500 mm 以下的中短焦摄像机:云台载重不应小于 25 kg。

28. 激光云台摄像机旋转角度、旋转步长有什么要求?

激光云台摄像机的云台可以承载摄像机进行水平和垂直两个方向转动,以实现不同角度的观察与监视。Q/CR 575—2022 要求转动角度:水平 0°~360°,垂直旋转角度-70°~+20°。

步长主要是控制云台转动方向的速度的调节,步长过大会影响到监视的细节,标准要求步长不应大于 0.03°。

29. 什么是水平预置点和垂直预置点速度?

水平预置点速度指调用预置点后云台水平旋转的速度,是一个速度区间。摄像机在水平方向有多个预置点位,从预置点

1 到预置点 2 的水平方向转动速度则为水平预置点速度。

垂直预置点速度指调用预置点后云台垂直旋转的速度。摄像机在垂直方向有多个预置点位，从预置点 1 到预置点 2 的垂直方向转动速度则为垂直预置点速度。

30. 垂直旋转角度的正负如何区别？

目前没有标准对此有规定，一般正代表仰，负代表俯。

垂直旋转角度，正值为仰角，是向上看；负值是俯角，是向下看。

31. 非制冷型红外热成像摄像机的分辨率如何规定？

常见的非制冷型红外热成像摄像机分辨率为 160×120、256×192、384×288、640×512、800×600 等，比较高的有 1 280×1 024、1 920×1 080，甚至更高，但其成本远远高于 640×512。分辨率越高，对应产品的成本越高。

红外成像的工作原理与可见光不同，分辨率明显低于可见光，其对温差具有高灵敏度，常用于火源、人员、动物等警戒侦测，一般识别只需数十个像素即可。

红外探测器的分辨率即热成像像素点的多少，和可见光摄像机原理相同。分辨率越高，意味着观测点和测温点越多，可观测、测量更小的目标和观测到更远的距离。

32. 什么是 NETD 值？如何规定？

热灵敏度/噪声等效温差（Noise Equivalent Temperature Difference，NETD），是红外热像仪的主要参数之一，是衡量热成像探测器能够区分图像中热辐射的微小差异的指标。NETD

通常以毫开尔文(mK)表示。其定义为探测信噪比为1(3 dB)时的目标温差。

主流的非制冷红外探测器NETD性能通常为50 mK,其NETD数值越小,表示极限探测灵敏度越高,NETD值越小,表达灵敏度越高,图像越清楚;噪声越多,探测器的NETD值就越高。

33. 什么是MRTD值?如何规定?

最小可分辨温差(Minimum Resolvable Temperature Difference,MRTD)通常是用来衡量红外相机的极限成像能力,同时考虑空间分辨能力、温度分辨能力的测试方法,常用作红外相机性能测试项目。测试目标为指定空间分辨率的四杠靶,通过降低该靶的温度,使得观察者刚好能分辨出四杠靶的图像(50%概率),此时目标与背景之间的温差即为MRTD。

最小可分辨温差既反映热像仪的温度灵敏度,又反映了热像仪的空间分辨力,并包括了观察者的主观因素,是一个系统的综合性能指标,其值越小表示设备成像能力越好。

与NETD相比,MRTD属于一种含有主观因素的评价指标,主要由NETD、光学系统MTF、电路MTF、电路信噪比等决定。

Q/CR 575—2022中规定:“非制冷型红外热成像摄像机所处的环境温度为23 ℃±5 ℃时,在其特征频率下的最大MRTD值不应大于0.8 K。”

四、设 备 篇

1. 什么是激光摄像机？

广义上说，使用激光进行夜间补光的摄像机均可称激光摄像机，比如激光高速球型摄像机、激光筒型摄像机（激光枪型摄像机）、激光云台枪型摄像机等等。在轨道交通行业，习惯把“激光云台枪型摄像机”简称为“激光摄像机”。本书讨论的“激光摄像机”也是指轨道交通行业中的“激光云台枪型摄像机”。

激光摄像机主要由可见光摄像机模块、激光补光模块、云台模块、控制电路模块构成，图 4-1 所示为激光摄像机的典型构成图，图 4-2 所示为典型的激光摄像机外观图。

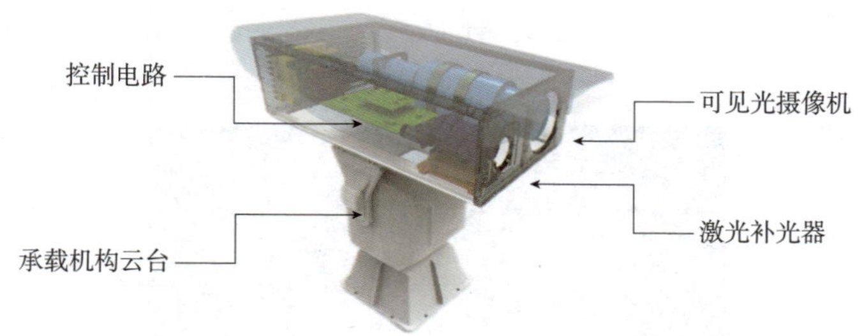

图 4-1　激光摄像机典型构成

一般情况下，可见光摄像机模块采用焦距较长的镜头，常见的有 350 mm、750 mm、1 000 mm，日间光照环境良好的情况下对目标的作用距离从一公里到数公里不等。因目前技术的原因，低照度下可见光摄像机成像质量下降很大，对于长焦可见光摄像机来说，在低照度下无法发挥出其作用距离远的优势，而激光具有准直性高、角度控制简单、易于变焦、作用距离远的特点，所以低照度下可使用激光照明器对可见光摄像机进行补光。

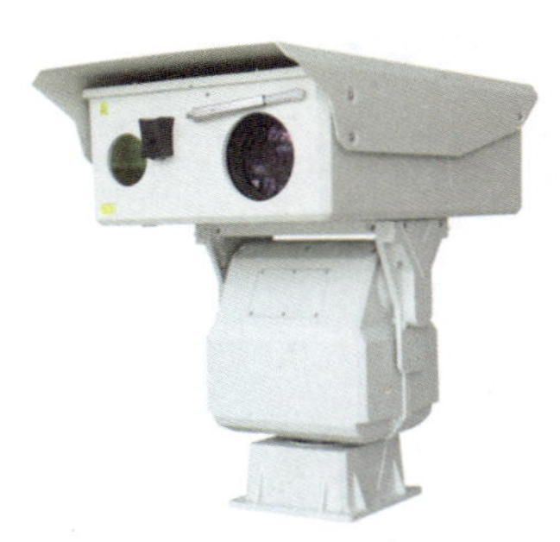

图 4-2　典型激光摄像机外观

当然，激光摄像机应用于铁路沿线，为避免列车司机夜间将补光灯当做信号灯，激光照明器应选用人眼不可见的无红曝近红外线，通常为(940±10)nm。根据激光照明器的光功率、焦距的不同，可见光摄像机焦距的不同，最高可将可见光摄像机的夜间作用距离提升至数公里，弥补了长焦可见光摄像机夜间“失明”的劣势。图 4-3 所示为激光摄像机夜视效果。因激光摄像机作用距离远，需要安装在遮挡较少的高点，通常安装在铁路沿线的信号塔上，如图 4-4 所示。

图 4-3　激光摄像机夜视效果

图 4-4 激光摄像机应用场景

除了长焦可见光摄像机和激光照明器之外，激光摄像机还具有云台模块和电路控制模块。激光摄像机焦距大、视场角小，摄像机需要通过云台的水平、俯仰变化来扩大监控范围。一般情况下，激光摄像机具有预置位、巡航功能、花样扫描、垂直扫描、帧扫描、全景扫描、苹果皮扫描、水平扇扫等功能。

随着技术的进步与发展，激光摄像机也开始进行智能化的一些升级，比如集成一些传统算法：入侵侦测、越界侦测、进入/离开区域侦测、移动侦测、徘徊检测、人员聚集、快速移动、目标跟踪、物品遗留、物品拿取；集成一些检测类算法：人车检测、船只检测、工程车辆检测等等。

当然，激光摄像机早已完成了网络化的转型，这意味着可以在激光摄像机上集成更多实用功能。比如可以引出串口、音频输入输出接口、I/O 接口等，将激光摄像机当做控制平台，与外设进行联动，实现更多的功能。

简单来说，轨道交通行业中的激光摄像机是采用(940±10)nm 波长的激光照明器进行补光的具有云台功能的长焦摄像机。

2. 什么是球型摄像机?

球型摄像机,简称球机,主要由成像系统、云台机电系统、主控系统、接口和外设系统组成。球机内置一体化摄像机和云台,可通过手动或自动地对周围不同方位不同物距的目标进行监控。可变焦镜头可以对远处物体进行变倍放大,云台结构则可以控制球机改变监控的位置。球机一般还会带有红外补光灯、雨刷等外设用以辅助提高监控效果或降低维护难度。

图 4-5　球型摄像机

图 4-5 所示为球型摄像机示意图。

球机自带变焦变倍和云台,一次安装无须调焦,无须调节角度,安装简单、维护容易。具备强大的云台远控和变倍聚焦能力,可以监控周围非常大的范围,不仅可以通过人为操控来变换监控位置、拉近拉远视角,还可以通过配置智能规则实现全自动的监控、跟踪、抓拍取证功能,使用简便性能强大。

球机可适应复杂的监控场景。例如违章停车取证,需要定期巡检道路两侧是否有车辆驶入停车,还需要拉近视角抓拍车牌进行取证。这种复杂业务难以采用传统固定摄像机实现,存在人工成本高、管理难等问题,而一台全自动违章停车取证球机就可以胜任 24 h 全天候的自动抓拍取证作用。

图 4-6 所示为典型球机设计的剖面图。

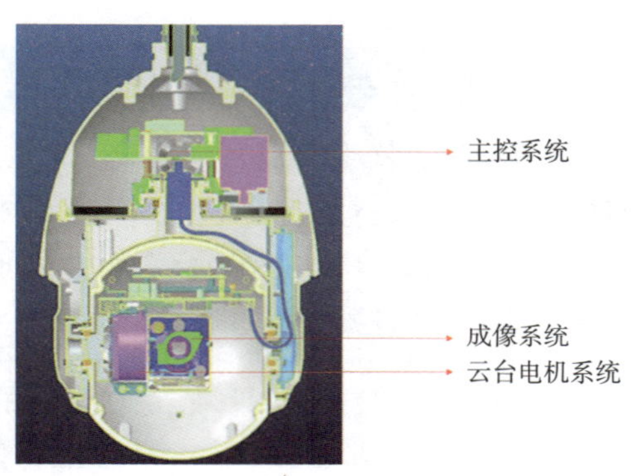

图 4-6　球型摄像机剖面图

表 4-1 为球机的组成及说明。

表 4-1　球机的组成及说明

组成	说　明
成像系统	包括图像传感器、可变焦镜头、光圈、ICR。可变焦镜头通过若干组可由发动机带动的镜片组将目标画面清晰成像在图像传感器上，光圈控制进光量，ICR 负责切换全彩和黑白模式。图像传感器会将成像在其上的画面转换成电子信号输送给主控系统。成像系统的好坏直接关系到球机的图像好坏，需要深厚的光学、电子、软件、机械等领域的综合积累才能做好做优
主控系统	在接收到成像系统的电子信号后，将信号还原成连续的图像画面，经过一系列的图像处理和编码，将编码后的视频流通过网络或其他接口输送给后端设备，比如 NVR、视频管理平台、Web 等。除了图像的处理流水线外，主控系统还负责智能分析工作、设备自我管理、报警业务处理等，可以说主控系统是球机中最复杂的部分

续上表

组成	说　明
云台机电系统	云台机电系统是球机区别于一般摄像机的重要子系统，它包括电机、驱动、传动、运控等几大重要模块组成。该系统影响球机使用体验，平稳精准的云台移动、持久可靠的运动寿命、迅捷高效的跟踪抓拍都依赖云台机电系统
接口和外设系统	球机有着多样的接口和外设，能够实现丰富的外接扩展功能。比如报警输入输出、RS－485 控制线、音频输入输出、BNC 接头、光纤等。接口和外设系统采用模块化设计，标配接口可以灵活适配多种接入协议，非标配接口也可以快速通过定制实现

功能：视频编码、音频编码、网络功能、云台和镜头控制功能、预置点、巡航、缓存功能、报警输入输出、视频分析、参数调节、系统对接功能。

应用场景：多场景监控，如通信铁塔、隧道口等。

球机经历了标清、红外高清、智能高清时代，现在已经逐步开始进入人工智能时代。

AI 在安防的成功落地代表人工智能时代的到来，从技术上将会给安防行业带来本质变化。传统的智能算法一般是通过人工来设计特征，这往往具有很大的主观性，依赖于设计者本身的经验和技术水平。而深度学习算法是通过机器自动从数据中学习出特征，这样能尽量多地提取出对象的高阶语义，特征的表达能力越强，识别分类对象的准确率越高，因此基于深度学习算法的智能可以很好地解决众多传统智能算法无法解决的问题。

3. 什么是枪型网络摄像机?

枪型网络摄像机(Internet Protocol Camera,IPC)是一种集成度高的硬件电子设备,主要由镜头、滤光片、图像传感器、中央处理器、图像数字编解码器、存储单元、网络模块等组成。一般采用嵌入式架构,集成了视频音频采集、信号处理、编码压缩、数据存储、智能算法分析及网络传输等多种功能。

图 4-7 所示为典型枪型摄像机示意图。

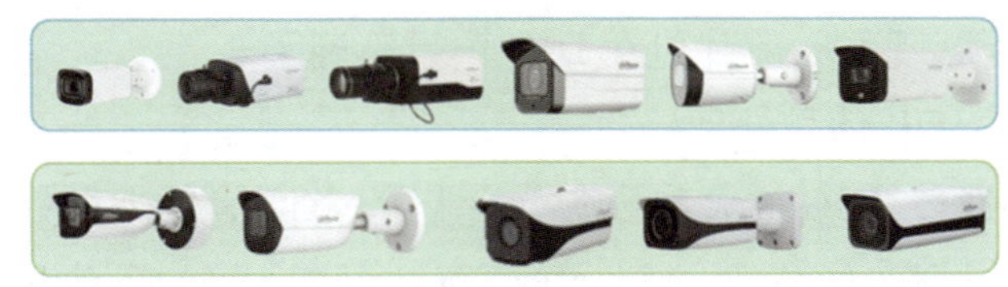

图 4-7 枪型摄像机

枪型摄像机组成包括:

(1)镜头

成像,将外界的景物成像在影像传感器的感光面上。

(2)图像传感器

相当于人的眼睛,把光影像转成电子信号,靠的就是上头的感光点,每一点就像一颗太阳能电池,被光照到后会产生电能,依照光的强度不同,会产生不同大小的电能。

图 4-8 所示为摄像机组成原理图。

V-Driver:CCD 里头每一点被光照到产生电能,那如何取出来? 就是靠这颗 V-DRIVER,它会产生不同的脉波,把 CCD 每点的信号“挤”出来。

CDS/AGC:CCD 挤出来的信号,在这颗晶片内做修整,送进 DSP。

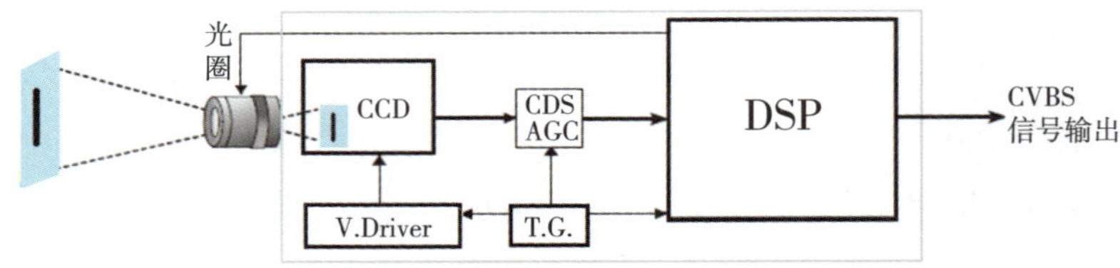

图 4-8　摄像机组成原理图

T. G(Timing Gen):用来控制整个处理过程的快慢用的时序发生器,现在一般都包在 DSP 内看不到了。

(3)DSP 信号处理器

将通过 AGC 放大和模数转化后的影像信号进行处理,实现各种功能(如背光补偿、白平衡控制等),然后输出 CVBS 信号。

主要应用场景是固定方向监控,如救援疏散通道、接触网上网点、分相区等。

4. 什么是红外热成像摄像机?

自然界所有温度在绝对零度(-273 ℃)以上的物体都会发出红外线,红外热成像摄像机是利用红外热成像技术,探测目标的红外辐射,并通过光电转换、信号处理等手段,将目标物体的温度分布图像转换成视频图像的设备。热成像摄像机由镜头、探测器、硬件电路及算法软件构成。

图 4-9 所示为热成像摄像机构成示意图。

自然界中存在的可见光、紫外线等不同波段的光会影响探测器的精度,因此热成像的镜头不仅需要汇集光线,还需要起

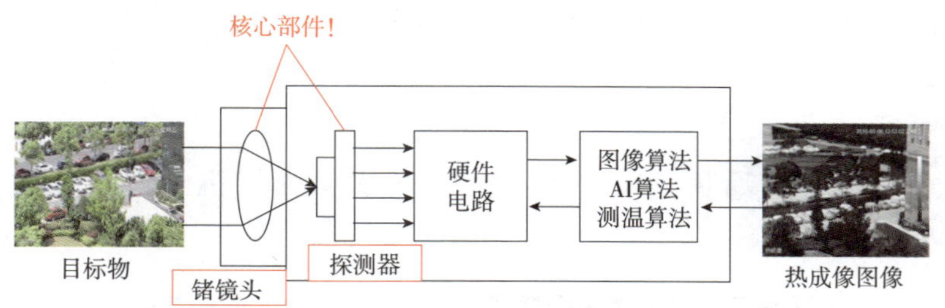

图 4-9 热成像摄像机构成示意图

到一个滤光的作用。热成像摄像机需特殊材质镜头,一般采用锗,具有较高的折射系数,对红外光透明(8 ~ 14 μm 的红外光可以无损地穿过),但不透过可见光和紫外线。

探测器能够将强弱不同的热辐射信号转化为电信号,送由硬件电路和软件处理。评价探测器的指标一般有分辨率大小和像元尺寸。分辨率越高,图像越清晰;像元尺寸越大,灵敏度越高,但也会造成成本急剧上升。另外,探测器还分为制冷型和非制冷型。制冷型探测器灵敏度更高,但价格高昂,一般用于军事领域。非制冷型探测器结构简单,一般用于民用和工业领域。

电信号经过硬件电路的放大和处理,结合软件算法,即可实现把红外线辐射强度转化为人眼可见的不同色彩进行展示,这就是通常所说的“伪彩”。通过算法可实现诸如人车分类、区域入侵、高低温跟踪等智能功能。

热成像摄像机和普通可见光摄像机成像原理不同,运用的场景和使用目的也不尽相同。相比于可见光成像,热成像摄像机有如下几方面优势:

(1)可全天候工作:热成像摄像机成像不依赖可见光,因此在黑暗的无光环境也可以正常使用。并且由于它是被动地接受红外辐射测量，本身并不向外辐射电磁波，因此隐蔽性很好。

图 4-10 所示为夜晚可见光与热成像摄像机图像对比效果图。

图 4-10　夜晚可见光与热成像摄像机图像对比

(2)穿透性更佳：红外线波长长于可见光，因此穿透性更好。在雨、雾、沙尘这样恶劣的天气环境影响下，热成像图像具有更好的清晰度。

图 4-11 所示为雾天热成像摄像机的图像效果图。

图 4-11　雾天热成像摄像机的图像效果

(3)误判率低：热成像被动接受目标自身的热辐射，所获的是目标与背景温差及辐射率图，人体和车辆的温度及红外辐射一般都远大于草木的温度及红外辐射，一般伪装无法影响目标的热辐射强度分布，因此红外热成像不容易产生错误判断。

图 4-12 所示为热成像摄像机对目标的识别图。

图 4-12　热成像摄像机对目标的识别

（4）无辐射：与 X 光探测器不同，热成像摄像机只是被动地接受外界的能量来成像，而自身不需要对外进行辐射。因此热成像相机对人体是完全无害的。

（5）有较高的灵敏度：由于军事目标大多是良好的热辐射源，所以热成像来探测军事目标，作用距离比可见光远 2～3 倍。

热成像摄像机具有多种形态和不同功能，按照功能可分为观测型和测温型。

观测型摄像机支持火点探测报警、绊线入侵、区域入侵、多种触发规则联动动作、目标过滤、吸烟、打电话等多种智能功能。

测温型摄像机除了上述功能外，还支持对监测目标的温度进行准确地测量。工业测温精度一般为±2 ℃，人体测温精度可以达到±0. 3 ℃。

图 4-13 所示为几种典型热成像摄像机示意图。

不同外观的产品适用于不同场合。如枪型摄像机可用于园区、工厂的定点监测。云台摄像机适用于高点监测、森林防火。海螺半球摄像机外观小巧，适用于室内。手持摄像机携带

热成像观测型
双光融合、声光警戒、
火点检测、测温、AI智能

热成像测温型双目
4寸球摄像机
双光融合、声光警戒、
火点检测、测温、AI智能

热成像观测型
双目中枪摄像机
双光融合、声光警戒、
火点检测、AI智能

热成像观测型双目迷你
小枪摄像机
双光融合、声光告警、
火点检测、吸烟打电话报警

热成像观测型双目海螺
半球摄像机
双光融合、声光告警、
火点检测、吸烟打电话报警

热成像手持测温仪
SD卡本地存储、
超温报警自动抓图、
智能人头检测测温

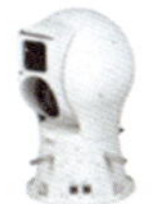

热成像转台
双光融合、长焦距镜头、
火情监测、高精度智能跟踪

热成像三目重型云台
双光融合、激光补光、
最大60倍光学变倍、
三维定位

双目卡片机
人体测温、
语音对讲、
声光警戒

图 4-13　典型热成像摄像机

方便，适用于巡查。

5. 什么是智能摄像机？

智能摄像机的定义比较宽泛，所有带智能分析功能的摄像机包括枪机、球机、枪球一体机、全景摄像机、激光摄像机等都可以称为智能摄像机。与普通摄像机相比，智能摄像机集成算法模块，具备一种或多种智能算法，如周界类智能分析算法、人车结构化算法、分类识别算法等等。

摄像机内置智能算法，能对视频覆盖场景内所关注的目标进行自动地抓拍或跟踪，并输出监控所需的抓拍图片或报警信息。

相较普通的摄像机，智能摄像机具备存储、运行智能算法的载体，能替代人工进行报警事件发现。

6. 什么是枪球一体摄像机？

枪球一体机主要包含枪机和球机，在结构上进行了一体化设计，其中枪机一般使用广角的定焦摄像机。与传统的枪机和球机相比，枪球一体机兼顾了监控的覆盖角度和距离，一般使用枪机进行智能分析（多为周界类）报警规则设置，当有目标触发报警规则时，枪机将目标的坐标发送给球机，球机进行相应的变倍、聚焦操作，对目标进行特写式的取证和跟踪。

枪球一体机通过单 IP 输出和管理，具备多个视频通道。枪机实现静态全覆盖，球机实现动态细节覆盖。

枪球一体机采用一体化设计，一般由 3 镜头相机与 4 颗高性能 GPU 模块组成，聚合多种专为复杂场景设计的深度学习算法，可广泛应用于需要大范围高清监控和智能抓拍场所。

图 4-14 所示为枪球一体摄像机示意图。

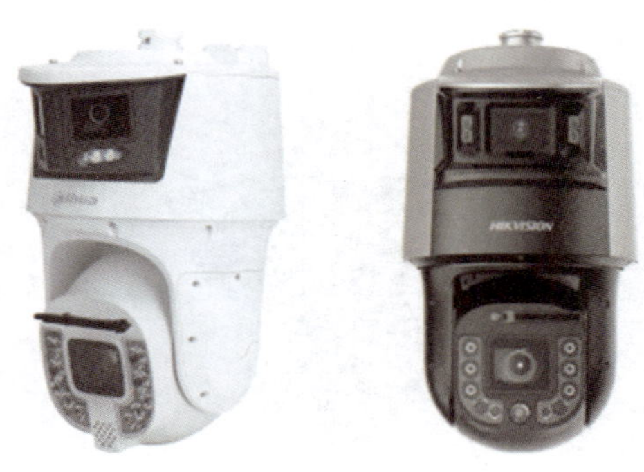

图 4-14　枪球一体摄像机

7. 什么是全景摄像机?

全景摄像机一般指可以独立进行大角度监控的摄像机，水平视场角一般有 180°、270°、360°，主要适用于监控角度比较大且实时全覆盖的场景，比如广场、十字路口等。

采用一体化设计，通过前端拼接方式将 2 个及以上传感器图像整合为一幅不小于 180°的全景图像，实现区域的全覆盖，并具备一路带云镜控制功能的视频，可对全景画面中的细节进行联动放大。主要应用于局部高点，对场景进行全景覆盖，实现更为直观的指挥调度，避免覆盖盲区及多监控设备间的频繁切换。

360°全景摄像机可无盲点监测覆盖所处场景，设有一个鱼眼镜头，或者一个反射镜面（如抛物线，双曲线镜面等），或者多个朝向不同方向的普通镜头拼接而成，拥有 360°全景视场（Field of View，FOV）。一台全景摄像机可以取代多台普通的监控摄像机，做到了无缝监控，实现了监控新应用，应用于站前广场、候车大厅等。

图 4-15 所示为全景摄像机示意图。图 4-16 所示为全景摄像机监控场景效果图。

图 4-15　全景摄像机示意图

图 4-16　全景摄像机监控场景效果图

五、维　护　篇

1. 如何规范命名视频图像及 OSD 显示内容?

视频资源根据摄像机安装位置或监控区域进行命名,实时和历史视频命名一致。当摄像机安装位置或监控区域属于两个或以上功能区交界处时,以主体侧功能区命名。

(1)命名格式

车站咽喉、线路、公跨铁及救援疏散通道视频资源(摄像机)命名格式如下:

线路名称-公里标-监视目标或安装位置-监视方向-摄像机类型及序号-分辨率。

(2)车站视频资源(摄像机)命名

车站名称-监视目标或安装位置-监视方向-摄像机类型及序号-分辨率。

(3)命名示例

〔××高铁 K×××+×××〕××站下行进站咽喉×向〔变焦枪机〕〔1 080 P〕

〔××高铁 K×××+×××〕××隧道口×向〔定焦枪机〕〔1 080 P〕

〔××高铁 K×××+×××〕××站-××站区间××号接触杆〔定焦枪机〕〔1 080 P〕

〔××高铁 K×××+×××〕××牵引变电所控制室〔球机 1〕〔1 080 P〕

〔××高铁 K296+342〕AJ-HZ10 通信基站铁塔下行×向 750 mm〔激光夜视〕

〔××站〕12A 检票口〔定焦枪机〕〔1 080 P〕

(4)时间格式

yyyy-mm-dd hh:mm:ss

(5)字形与颜色

推荐使用“勾边”和“有衬底”的字形(图 5-1、图 5-2),可以比较清晰地显示文字和数字,不要选择“翻转”字形(图 5-3)。

图 5-1　采用勾边字体

图 5-2　有衬底的显示

图 5-3　颜色翻转

(6)字体与尺寸

推荐采用“黑体”“宋体”或“Video Terminal Screen 字体”,尽量不采用过度修饰的字体或美术字体;文字及数字的尺寸采用摄像机“推荐”(默认),不宜选择过大或过小的尺寸,如对于 1 080 P 分辨率的图像如果选择 16×16,屏幕上看起来就会很小，且不利于 OSD 的自动检测。

(7)位置

摄像机名称尽量靠近左上角，日期时间尽量靠近右下角。

2. 如何进行夜间补光？

从补光波段上，可以分为可见光补光和红外补光。其中可见光补光常见的有暖光（色温低，颜色偏黄）、冷光（色温高，颜色偏白、偏蓝）。红外补光常见的有 808 nm、850 nm、940 nm。红外补光中，因 940 nm 红外灯/激光灯的发光波长较长，红曝现象较弱，能够避免火车司机将铁路沿线的红外补光灯当成信号灯，所以铁路行业多使用 940 nm 波长的红外线进行摄像机的补光。

从补光灯形式上，可以分为一体式补光和分体式补光。一体式补光是指补光灯和摄像机在结构上是一个整体，分体式补光是指摄像机和补光灯为相互独立的两个器件。因一体式补光灯具有易于施工、方便控制、与摄像机同轴度高等优点，目前市面上大多数监控产品均为一体式补光。分体式补光具有散热好、功率高等优点，在一些需要较高补光照度的场景也有广泛应用，如公路等。

无论是一体式补光还是分体式补光，都需注意补光角度和距离应尽量与摄像机的作用范围一致。

轨行区内建议通过无红曝补光，非轨行区（不影响驾驶安全场景）建议红外或暖白光补光。

使用外置或者内置补光灯对抓拍区域进行照明，亮度可调。

3. 摄像机的 IP 地址、用户名、密码如何设置?

从 Web 配置页面有相应的修改位置,一般 IP 地址在网络设置里面配置,用户名和密码在用户管理里面配置。

摄像机的初值 IP 为 192. 168. 1. ××(每个品牌存在差异,可查询品牌初始值),可登录摄像机进行初始化设置或通过“设备网络搜索”软件进行摄像机的初始化设置。

(1)IP 地址设置

①确保已了解网络配置,并决定使用静态 IP 地址还是动态 IP 地址(DHCP)分配。

②如选择静态 IP 地址,请确保为摄像机选择一个唯一的 IP 地址,并确保它与其他设备不冲突。

③如使用 DHCP,确保网络路由器可以分配摄像机所在的子网中的 IP 地址。

(2)用户名设置

①创建一个唯一的用户名,不要使用默认的用户名。避免使用一些常见的用户名,如“admin”“user”等,因为这些常见的用户名容易受到攻击。

②确保用户名不易猜测,并避免使用与您的个人信息相关的用户名。

(3)密码设置

①创建一个强密码,密码应包括大写字母、小写字母、数字和特殊字符,并且长度不应少于 8 个字符。

②避免使用与用户名相同的密码,也不要使用容易猜测的密码,如生日、名字等。

③定期更改密码,建议每个月或每季度更改一次密码,以

增加安全性。

4. 摄像机安全策略如何设置?

(1)一般可设置 IP 地址或 MAC 地址的黑白名单,可根据实际业务进行配置。

Q/CR 783.4—2021 中要求前端设备:

①应具备可用于身份验证的唯一标识,包括 MAC 地址、设备序列号等;

②应具有登录失败处理功能,连续多次登录失败可对账户或登录 IP 进行锁定;

③应支持设置具有混合大小写字母、字符和数字的强口令,口令长度不小于 8 位,应定期对口令进行修改;

④符合 GB 35114—2017 中 A 级要求的前端设备应具备采用数字证书进行身份鉴别的能力。

(2)设置摄像机的安全策略是保护摄像机和视频系统免受潜在威胁的关键。以下是一些常用的摄像机安全策略。

①强密码策略

a. 要求使用复杂、随机的密码,包括大写字母、小写字母、数字和特殊字符。

b. 设定密码长度要求,通常不少于 8 个字符。

c. 强制定期更改密码,例如每个月或每季度。

②用户权限管理

a. 限制用户访问权限,仅授权用户可以访问和控制摄像机。

b. 分配不同级别的权限给不同的用户,以确保只有必要的人员可以进行敏感操作。

③定期固件更新

定期检查并安装最新的摄像机固件更新，以确保修复已知的安全漏洞和提高系统的安全性。

④加密通信

使用加密协议（如 HTTPS）来保护网络通信，确保数据在传输过程中的机密性和完整性。

（3）安全审计和监控

定期审查和监控摄像机系统，以及记录和跟踪用户活动和系统事件。这可以帮助发现异常行为和潜在的安全威胁。

（4）防火墙和网络隔离

使用防火墙和网络隔离技术，将摄像机和视频系统与外部网络隔离开来，减少攻击面。

5. 视频系统如何实现摄像机密码管理和定期更新？

摄像机密码管理主要有以下几点。

（1）定期更改密码

设置一个定期更改密码的策略，例如每个月或每季度更改一次密码。这可以确保即使密码被泄露，攻击者也只能在有限的时间内使用它。

（2）密码策略强制执行

在摄像机的设置中启用密码策略强制执行功能，确保用户无法使用弱密码或与之前使用过的密码相似的密码。这可以防止用户反复使用相同的密码，从而提高安全性。

（3）两步验证

考虑为摄像机启用两步验证功能。这可以提供额外的安全层级，防止未经授权的访问。

(4)远程管理和更新

使用远程管理工具,例如视频管理软件平台,以便可以轻松地对所有摄像机进行批量更新密码。通过远程管理,可以安全地更改密码,而无需逐个访问每个摄像机。

通过采取这些步骤和技术,可以确保视频系统中摄像机密码的定期更新和强化安全性,从而减少未经授权的访问和潜在攻击的风险。

6. 激光摄像机质量有哪些关键指标?

激光摄像机的质量可以通过以下几个指标来反映。

(1)分辨率

分辨率是摄像机图像的清晰度和细节程度的度量,较高的分辨率可以提供更清晰、更精细的图像。应选择适合应用需求的高分辨率激光摄像机,以确保捕捉到细节丰富的图像。

(2)图像传感器

图像传感器是摄像机中最关键的部件之一,它负责将光信号转换为数字图像。

应选择具有较大的传感器尺寸和较高的感光能力的激光摄像机,以获得更好的低光和高对比度性能。

(3)动态范围

动态范围是摄像机能够捕捉到的亮度差异范围的度量。较大的动态范围意味着摄像机可以在明亮和暗处都有良好的细节可见性。应选择具有较大动态范围的激光摄像机,以应对高对比度场景和光照变化。

(4)帧率

帧率是摄像机每秒捕捉和显示的图像数量,较高的帧率可以提供更流畅的视频和更准确的动态捕捉。应根据应用需求，选择具有适当帧率的激光摄像机。

(5)感光能力

感光能力是摄像机在低光环境下捕捉图像的能力，较高的感光能力可以帮助摄像机在光线较暗的情况下仍然保持图像质量。选择具有较高感光能力的激光摄像机，可以获得在低光条件下的良好表现。

(6)镜头质量

镜头是决定图像清晰度和质量的关键因素之一，高质量的镜头可以提供更清晰和逼真的图像。应选择具有优质镜头的激光摄像机，以适合应用需求。

(7)防抖性能

防抖性能是指摄像机能否有效抵抗震动和抖动，在需要长焦距或移动应用中，应选择具有良好的防抖性能的激光摄像机，从而提供稳定的图像。

(8)激光器性能

优质的激光器，光学系统设计合理，可以确保其输出光束的质量和稳定性，并最大程度地减少光斑的非均匀性。低质量的激光器可能会导致光斑不均匀，影响图像效果。

7. 球机的质量有哪些关键指标?

球型摄像机的质量可以通过以下几个关键指标来反映。

(1)分辨率

分辨率是摄像机图像的清晰度和细节程度的度量。较高的分辨率可以提供更清晰、更精细的图像。选择适合应用需求的高分辨率球型摄像机，以确保捕捉到细节丰富的图像。

(2)传感器类型和尺寸

传感器是球型摄像机中最关键的部件之一,它负责将光信号转换为数字图像。选择具有较大的传感器尺寸和较高的感光能力的球型摄像机,以获得更好的低光和高对比度性能。

(3)帧率

帧率是摄像机每秒捕捉和显示的图像数量。较高的帧率可以提供更流畅的视频和更准确的动态捕捉。根据应用需求,选择具有适当帧率的球型摄像机。

(4)镜头质量

镜头是决定图像清晰度和质量的关键因素之一。高质量的镜头可以提供更清晰和逼真的图像。选择具有优质镜头的球型摄像机,并确保其适合应用需求。

(5)机械结构和防护等级

球型摄像机的机械结构和防护等级对其质量和可靠性至关重要。选择耐用的机械结构和符合适当防护等级的球型摄像机,以适应各种环境条件和安装要求。

(6)PTZ(云台)性能

如果球型摄像机具有 PTZ 云台(功能),则其云台性能也是重要的指标。云台的运动范围、速度、精度和稳定性都应被考虑。

(7)安全性能

球型摄像机的安全性能也是重要的指标,包括用户权限管理、加密通信和防止未经授权访问等功能。

8. 枪机的质量有哪些关键指标?

枪机的质量可以通过以下几个指标来反映。

(1)分辨率

分辨率是摄像机图像的清晰度和细节程度的度量。较高的分辨率可以提供更清晰、更精细的图像。选择适合应用需求的高分辨率枪型摄像机,以确保捕捉到细节丰富的图像。

(2)视角

视角决定了摄像机能够覆盖的区域范围。较宽的视角可以覆盖更大的区域,但可能牺牲一些细节。根据具体的监控需求选择适当的视角,以平衡覆盖范围和图像细节的要求。

(3)低光性能

低光性能是指摄像机在光线较暗的环境下仍能提供清晰图像的能力。选择具有良好低光性能的枪型摄像机,以应对夜间或低光环境下的监控需求。

(4)动态范围

动态范围是摄像机能够捕捉到的亮度差异范围的度量。较大的动态范围意味着摄像机可以在明亮和暗处都有良好的细节可见性。选择具有较大动态范围的枪型摄像机,以应对高对比度场景和光照变化。

(5)防尘防水等级

枪型摄像机可能需要在户外或恶劣环境中使用,因此其防尘防水等级是重要的指标。选择符合需求的防尘防水等级的枪型摄像机,以确保其能在各种环境中长期稳定运行。

(6)安全性能

枪型摄像机的安全性能也是重要的指标,包括用户权限管理、加密通信和防止未经授权访问等功能。

9. 如何评价长焦镜头的质量?

长焦镜头通常需要更大的口径才能实现较高的通光量,实现较好的成像能力,但也带来难以控制的像差色散,因此需要设计较多校准镜组、镀膜技术、高精度镜片加工装配技术来保证理想的长焦图像质量。较差镜头则无法保证镜头各项指标的均衡性。评价长焦距镜头的质量时,可以考虑以下几个关键指标。

(1)光学性能

分辨力:一个好的长焦距镜头应具有高分辨率,能够清晰地呈现细节。

色彩和对比度:优质的长焦距镜头应提供准确的颜色还原和良好的对比度,以保证图像的真实性和细节层次感。

畸变和色差:镜头的畸变和色差应被控制在较低的水平,以确保图像形状和颜色的准确性。

(2)对焦和变焦性能

镜头的对焦和变焦机制应该是流畅、精确且可靠的,以确保快速而准确地对焦和变焦。

自动对焦和变焦功能的速度和精确度对于实时场景捕捉和跟踪非常重要。

(3)镜头构造和材料质量

镜头构造和材料质量直接影响其耐久性和可靠性。优质的长焦距镜头应采用高质量的材料和紧密的组装,以确保其稳定性和长期使用寿命。

(4)镜头光圈

镜头的最大光圈决定了其透光能力和低光条件下的表现。

较大的最大光圈可以提供更好的低光性能和浅景深效果。

(5)镜头防抖性能

长焦距镜头通常对拍摄的稳定性要求较高，因此优质的长焦距镜头应具备良好的防抖性能，以减少拍摄时的抖动和模糊。

10. 摄像机低照度性能如何衡量?

摄像机的低照度性能是指在光线较暗的条件下，摄像机能够提供清晰、明亮的图像。以下是用于衡量摄像机低照度性能的几个常见指标。

(1)最低照度

最低照度是指在摄像机能够正常工作并提供可辨认图像的最低光照条件。通常以“lx”作为单位进行测量。较低的最低照度表示摄像机在较暗的条件下仍然能够产生可用的图像。

《安全防范视频监控摄像机通用技术要求》(GA/T 1127—2013)对最低可用照度的定义是:保持环境色温不变的情况下，降低环境光亮度，摄像机的分辨力降低至标称分辨力 70% 时，被摄景物的照度值。

最低可用照度越低则摄像机的低照度性能越优越。

(2)信噪比(S/N)

信噪比是指在图像中有用信号和噪声之间的比例。在低照度环境下，相对于有用信号，噪声占据较大的比例。较高的信噪比意味着摄像机能够有效地区分信号和噪声，从而提供更清晰、更准确的图像。

(3)色彩还原性

色彩还原性指摄像机在低照度条件下保持色彩准确性和

鲜艳度的能力。优质的低照度摄像机应该能够提供真实且鲜明的颜色,而不会造成色彩失真或偏差。

(4)高动态范围(HDR)

高动态范围是指摄像机能够在高对比度场景下捕捉细节丰富的能力。在低照度环境下,存在较大的亮度差异,摄像机的高动态范围能够保留更多的细节,使图像更加清晰、均衡。

(5)光学防抖技术

低照度条件下,摄像机往往需要较慢的快门速度和长曝光时间,这容易导致图像模糊。优质的低照度摄像机通常配备有效的光学防抖技术,以抵消震动和运动造成的模糊。

(6)暗光增强技术

低照度摄像机通常会使用暗光增强技术,如背照式传感器、低照度模式、图像增强算法等。这些技术能够提升摄像机在低照度环境下的图像质量和亮度,使图像更加清晰明亮。

11. 如何评价一幅图像的清晰度?

通过主观评价和测试进行评价图像清晰度。实验室条件下,可通过测量图像水平、垂直分辨力来判断图像的清晰度,分辨率越高,清晰度越高。

(1)Q/CR 575—2022 规定:

①摄像机分辨率不应低于 1 080 P,最大帧率不应低于 25 fps;

②200 万像素摄像机水平分辨力:环境光照低于 300 lx 时,水平分辨力不应低于 900 TVL,环境光照在 0.1 lx 以下的水平分辨力不应低于 650 TVL;

③800 万像素摄像机水平分辨力:环境光照不低于 300 lx

时,水平分辨力不应低于 1 800 TVL,环境光照在 0.1 lx 以下的水平分辨力不应低于 1300 TVL。

(2)锐度

图像的锐度表示图像中边缘和细节的清晰程度。清晰的图像应该有良好的边缘定义和对比度,使得物体的轮廓清晰可辨。

(3)噪点

噪点是指图像中由于光线条件不好或图像处理过程中引入的不良信号造成的视觉上的杂乱点。清晰的图像应该有较少的噪点,并保持细节的清晰性。

(4)对比度

对比度表示图像中明暗之间的差异程度。较高的对比度能够使图像更加鲜明和清晰,使物体的细节更加突出。

(5)色彩准确性

清晰的图像应该具有准确的色彩再现能力,使物体的颜色真实、鲜明、自然。

12. 如何处理视频图像模糊?

视频图像模糊可以从以下几个方面进行分析处理。

(1)聚焦不到位:手动点击左右聚焦功能聚焦,重新聚焦或者变换场景再聚焦;

(2)设备前端窗口污染:需清洁设备前端玻璃;

(3)温差较大导致热胀冷缩,需开启“自动温度补偿”功能;

(4)如无法聚焦,可采用厂家提供的自动后焦软件调节后焦;

(5)进水导致镜头玻璃内部形成水雾,镜头模糊,需更换摄像机;

(6)摄像机传感器等部件性能劣化引起图像模糊,需更换摄像机。

13. 如何处理视频图像的条纹或雪花?

视频图像产生条纹或雪花有可能是以下原因。

(1)电源频率不匹配

N制(National Television Standards Committee,NTSC)设备的电路工作频率是60 Hz,而我们国内的电源是50 Hz的,两个频率不匹配可能导致了图像的闪动,在这种情况下,如果光源不是日光灯而是太阳光,现象就会减轻很多,但是因为设备的供电系统还是50 Hz的,所以还会有很小的闪动。N制设备用在60 Hz的电源系统中就不会有这样的问题了。同理P制(PAL)用在60 Hz的电源也会出现此现象。我国采用P制设备。

(2)补光灯频率和曝光时间不匹配

曝光时间需为补光灯光强变化周期一半的整数倍。主要是由于每一帧图像sensor收集到的亮度要一致,而由于光强是正弦波方式变换,所以曝光时间需与补光灯光强变化周期一半成整数倍。(光强变化周期=1s/频率,一般频率为50 Hz)

解决办法:匹配合适的电源、优化灯光频率与曝光时间。

(3)外部信号干扰

摄像机内部是一个高度集成的系统,较容易受到外部电磁的干扰。检查摄像机各部件、图像传输设备及视频线接地是否可靠,地阻值是否达标;采用光口摄像机或采用屏蔽双绞线。

14. 信号丢失、黑屏或蓝屏等如何处理?

设备运行一段时间后提示资源有限,开启视频失败,原因有如下几点:

(1)设备开启智能功能过多造成资源不足。

(2)查看设备 CPU 设备资源是否已经被占满,拉多路视频后提示资源不足,造成设备黑屏。

(3)设备的网络传输能力限制:设备能拉多少路码流是有限的,一般情况下可能是请求的网流量超过了设备的网传能力。具体设备的网传能力,可以在检测报告中看到。

(4)网络环境不好:在网络环境不好时,比如网络中存在大量 ARP 报文,会导致提示资源不足的现象,通过抓包分析数据查看网络情况。

(5)设备端线程超时,外在原因排查后还是会出现无码流或者图像黑屏,就需要搜集 IPC 设备端的打印日志信息。

(6)模拟摄像机在黑屏有字情况下,应是前端模拟摄像机障碍,建议排查摄像机;黑屏无字情况下,应是编码器数据配置问题或障碍,建议排查编码器。

15. 视频图像拍摄对象与名称不符如何处理?

视频图像拍摄对象与名称不符,应该是 OSD 叠加名称错误,需要修改正确的 OSD,修改方式有下列 3 种:

(1)网络摄像机可以通过 Web 访问后,在显示菜单内,设置摄像机名称,用 NVR 加入这些改过名称的摄像机会自动把名称带入监控画面。

(2)通过 NVR 系统修改相应监控画面名称。

(3)通过平台将准确的 OSD 下发,同步给前端摄像机。

16. NVR/IPSAN 的视频图像录像丢失如何判断与处理?

在排查之前务必要确认是所有通道都出现相同的录像丢失,还是个别通道出现,或者是特定的前端出现录像丢失。

如果是个别通道出问题,查看 NVR 和前端对应录像丢失时间的日志,查看是否有一些异常情况(前端重启、两者断开连接),基本与 NVR 的关系不大。

如果是所有的通道都在同一时刻出现录像丢失,可按以下方式进行排查。

(1)进度条连续

①进度条连续,但是回放时突然切换到其他时间段的录像,有可能时间同步造成的,可以检查下 NVR 设备中的日志是否有时间同步的记录。另外时间同步也有可能造成录像重叠,在回放的时候也可能会出现录像丢失的假象或者跳秒的情况。

②前端没有码流发送导致短时间(丢失 30 s 左右)的录像丢失。按离线方式处理。

③前端的系统时间和 NVR/IPSAN 的系统时间不一致,这种时候在回放整点时刻的录像时,会出现跳变。这种情况可以通过按文件回放或按文件下载的方式观看录像。并设置好时间同步,避免后续出现类似问题。

(2)进度条不连续

①NVR 设备是否有重启。若有重启检查下设备重启日志是否为 0x00。若是 0x00,则说明是人为或者其他的正常重启。如果重启的标志不是 0x00,按照上面异常重启的处理方式解决。

②前端设备是否有断电/重启/断网，可通过相关日志进行检查。

③路由器或者交换机是否出现过异常，可以根据其相关日志进行确认。

④检查下 NVR/IPSAN 中的配置。例如：录像控制、录像设置、普通设置中覆盖情况，是否有锁定录像，是否开启假日。

⑤丢录像的时间点，确认下 NVR 设备的系统时间是否有被同步过。

⑥前端没有发送码流给 NVR，此时 NVR/IPSAN 会去重连前端，直观表现为 NVR/IPSAN 上录像断断续续。若前端显示在线，但是实时无图像，请参照“音视频卡顿障碍处理”。

⑦硬盘损坏，状态不对，Raid 组损坏，硬盘是否被拔出，可以检查下 NVR/IPSAN 的日志。

⑧若在 NVR 本地实时监视正常，而且配置和存储介质都正常，或者之前能够查询到录像，后来又查询不到。请提供远程调试环境，并联系研发处理。（有可能硬盘或者 Raid 分区出现问题）

17. 视频图像文字重复叠加怎么处理？

出现视频图像文字重复叠加现象，可能是 NVR 或视频平台和摄像机同时添加了字符。网络摄像机应由前端摄像机设定，因此 NVR 或视频平台需要关闭字符叠加功能，只保留前端摄像机字符叠加功能。

18. 摄像机 IP 地址冲突如何判断和处理？

接入到网络中 IP 地址冲突，排查方法为：

首先准备好一个肯定不在使用的 IP 地址，可以在执行“arp-d”后 ping 选定的 IP，确认 IP 不在使用，并在 ping 不同 IP 的情况下，再执行“arp-a”查看 arp 表，看返回信息中是否有该 IP 地址对应的有效 MAC 地址（非全 0 地址），如果 ping 不通，并在 arp 表中没有对应 IP 的正常记录，表示该 IP 空闲，没有在使用。

在准备好空闲 IP 后，在设备可以正常使用的时候，修改为空闲 IP，并在修改后 ping 该 IP，确认是否修改成功。

在确认修改成功后，再次执行“arp-d”清空 arp 表，再去 ping 老的 IP，看是否可以通，如果可以通，表示 IP 冲突，如果不可以通，再执行“arp-a”查看 arp 表中是否有有效的记录，如果有，表示 IP 冲突，只是该 IP 的使用者开了防 ping 的防火墙；如果 ping 不通，arp 表中也没有有效记录，表示 IP 不存在冲突。

解决方案：针对 IP 冲突的设备重新设置 IP 地址。

19. 视频卡顿障碍如何处理？

（1）码流不连续

可能原因：设备本身或 sdk 上送码流不合理，或网络不流畅等。

排查方法：单开一路视频，在客户端抓取 MTS 码流（过滤端口 9100），包后通过以下方式将码流过滤出来：

中文版：Wireshark 开始抓包→统计→IO 图形；

英语版：Wireshark→Statistics→IO Graph。

图 5-4 所示为码流抓包示意图。

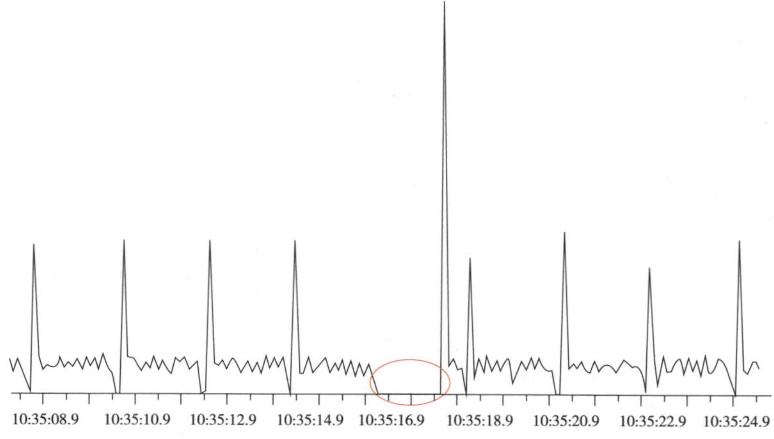

图 5-4　码流抓包示意图

通过图形化查看码流连续性。图示中红色即为断流。但是往往这种问题单路视频现场不易复现，只能抓多路视频码流（9100 端口），抓包后通过以下方式将码流过滤出来。

中文版：统计→结束点；

英语版：Statistics→Endpoints。

图 5-5 所示为抓包分析示意图。

Ethernet: 2 | Fibre Channe | FDDI | IPv4: 2 | IPv6 | IPX | JXTA | NCP | RSVP | SCTP | TCP: 4 | Token Ring | UDP | USB | WLAN

TCP Endpoints

地址	端口	包	字节数	发送数据包	发送字节	接收数据包	接收字节	维度	经度
20.2.44.143	hp-pdl-datastr	10 597	10 478 290	7 105	10 289 722	3 492	188 568	-	-
10.33.5.168	11343	457	396 517	152	8 208	305	388 309	-	-
10.33.5.168	11342	4 969	4 929 796	1 635	88 290	3 334	4 841 506	-	-
10.33.5.168	11346	5 171	5 151 977	1 705	92 070	3 466	5 059 907	-	-

☑ 名字解析　　☐ 限制显示过滤器.

帮助(H)　复制(C)　映射　关闭(C)

图 5-5　抓包分析图

其中 tcp 中显示出客户端打开了三路码流，分别将三路码流按照以下方式过滤出来。右键“用作过滤条件”→作为选择条件→标题栏“文件”→导出指定数据包。将码流分别过滤出来后，可以使用 TcpRtpParser 等工具找到对应延迟画面的码流，按照单路画面延迟的分析方法分析即可。

(2)解码能力不够

解码性能往往由于电脑配置过低或视频路数太多引起的，通过 CPU 占用率可以初步判断，也可使用查看进程的管理工具具体查看，图 5-6 所示为管理工具图。

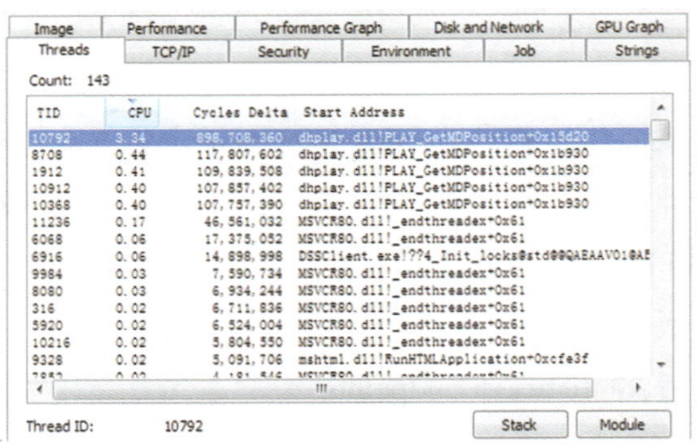

图 5-6　管理工具图

以 procexp. exe 为例，可以看出该码流解码的时候解码器 CPU 占用情况。

(3)服务器端处理能力不足

查看 CPU、内存占用率及温度。

20. 如何处理摄像机上电后无动作、无图像?

发生摄像机上电后无动作、无图像等现象后，可从以下几种情况进行排查：

（1）排查供电输入 AC 220 V 供电电压是否正常；

（2）排查摄像机电源的故障，用万用表测试摄像机电源，如果有直流 12 V 或者 24 V，电源故障可以排除；

（3）查看摄像机是否正常，如果摄像机内部有灯光闪烁或者插上网线后网线灯有闪烁，可以排除摄像机故障；

（4）排查网络故障。

21. 如何处理摄像机上电后自检成功，但无法控制？

摄像机上电后自检成功，但无法控制，处理方法如下：

（1）断电重启设备；

（2）设备恢复出厂设置；

（3）拆机检查云台控制皮带是否松动；

（4）手动将云台抬起平视状态；

（5）将球机尾线上所有无需使用的线缆头使用绝缘胶布进行分别包扎做绝缘处理，防止线缆端头裸露造成主板上部分信号产生短路问题导致云台无法进行上下控制；

（6）查看 RS-485 控制线是否连接良好；

（7）查看摄像机与系统软件的控制协议配置是否一致。

22. 如何处理摄像机上电后自检成功，但无图像？

摄像机上电后自检成功，但无图像显示，原因查找及解决方法如下：

（1）监控摄像机供电不足，导致没有输出图像。由于开关电源的功率不够，导致开关电源过热和热保护。检查的方法是到现场摸一下电源温度，再冷就是电源死机，最好的办法就是更换新的电源。

(2)监控摄像机本身故障,复位电路不良,断电重启后可以恢复。

(3)供电线路如果与视频传输线上的交流电重叠,会导致监视器、摄像机和分配器内部的电解电容充电,从而阻断视频信号输出。

(4)IE 浏览器插件有问题,导致无法对码流进行解码播放。

23. 如何处理控制摄像机旋转时图像丢失?

当控制摄像机旋转时出现图像丢失,原因查找及解决方法如下:

(1)电源功率低:更换符合要求的电源,并尽量把电源放在球机附近。

(2)网络带宽不足,导致传输中断:需要降低预览码流或增大网络带宽。

(3)摄像机自身故障,旋转摄像机时造成内部连接不良:建议排查摄像机。

24. 如何处理图像亮度过高或过低?

(1)图像过亮

可导致图像过亮的原因及解决方法如下:

①调整摄像机的曝光值:监控画面过亮的原因之一是摄像机曝光值设置过高。曝光值是指摄像机感光元件曝光时间的长短,通常用光圈、快门和增益三个参数来控制。如果曝光值设置过高,就会导致画面过亮,反之则会导致画面过

暗。因此,可以通过调整摄像机的曝光值来解决画面过亮的问题。

②调整监控系统的对比度和亮度:另一个导致监控画面过亮的原因是监控系统的对比度和亮度设置过高。对比度是指图像中亮度差异的强度,亮度是指图像中的整体亮度。如果对比度和亮度设置过高,就会导致画面过亮,反之则会导致画面过暗。因此,可以通过调整监控系统的对比度和亮度来解决画面过亮的问题。

③安装遮阳罩或调整监控位置:如果监控摄像机直接面对阳光或其他强光源,也会导致画面过亮。此时,可以考虑安装遮阳罩或调整监控位置或增加滤光镜,使摄像机不直接面对强光源,从而解决画面过亮的问题。

(2)图像过暗

可导致图像过暗的原因及解决方法如下:

①摄像机镜头质量不高。摄像机的镜头质量也会影响画面的亮度。如果镜头质量较差或者镜头表面受到污染,画面就会变得模糊或者暗淡。

②监控设备默认设置不适合。有些监控设备的默认设置可能会导致画面变得暗淡。例如,某些设备可能默认关闭了夜视功能,这就会导致画面变得暗淡。

③光线不足。增强光线是解决监控摄像机画面暗淡问题的最简单方法。可以增加环境光线或者增加额外的光源,如安装灯光或者使用红外灯。

④摄像机位置不佳。调整摄像机位置是解决画面暗淡问题的另一个方法。可以尝试将摄像机移动到光线更好的地方,或者清除遮挡物。

⑤镜头不够清洁。如果画面变得模糊或者暗淡，可能是因为镜头表面受到了污染。可以使用干净的布或者纸巾轻轻擦拭镜头表面，以恢复画面的亮度和清晰度。

⑥监控设备设置不当。调整监控设备设置，如果画面仍然暗淡，可能是因为监控设备的设置问题。可以尝试调整设备的亮度、对比度、曝光等设置，以获得更好的画面效果。

25. 如何处理摄像机夜间无激光或激光闪动?

当激光摄像机发生夜间无激光或激光闪动时，解决方法如下：

(1)先排查电路，是否成功通电，可重新上电测试；

(2)检查电压是否稳定；

(3)检查是否用错电源；

(4)白天或周边环境太亮，光敏电阻没启动；

(5)若问题没解决，考虑设备激光器损坏，需要返厂维修。

26. 如何处理视频画面泛白?

当视频画面出现泛白现象时，应考虑以下因素和解决方法：

(1)有物体遮挡；如摄像机前端有杆子或其他物体，需移动场景并调整测试；

(2)内部有光源反光，或密封破损导致内部有水雾；

(3)曝光时间选择不适宜，调节为自动；

(4)整体偏白：宽动态会导致图像不通透，对比度/饱和度过低；

(5)局部偏白：画面部分发白，呈光晕状，周围有强光源，调整角度/遮光处理；

(6)开启强光抑制功能。

27. 如何处理视频画面偏红?

当视频画面出现泛红现象时，应考虑以下因素和解决方法：

(1)摄像机白平衡参数设置不正确，需重新设置；

(2)滤光镜工作不正常，重新切换日夜模式，或检查硬件；

(3)镜头或相机滤光片卡住，联系厂家处理；

(4)ICR 卡住：手动切换日夜模式，ICR 是否切换（发出“咔”的声音）；

(5)调整图像参数，对比度以及饱和度。

28. 如何处理画面只呈现黑白色?

当视频画面只呈现黑白色时，应考虑以下因素和解决方法：

(1)检查摄像机参数是否开启了“夜晚模式”或者“透雾模式”；

(2)关注饱和度是否被设为 0；

(3)摄像机进入红外防振荡模式：如果 10 min 之内有 5 次自动日夜转换，摄像机会进入防振荡机制，强制为黑白模式 1 h；

(4)环境光线是否正常，亮度达到摄像机切换日夜临界值 3 lx 左右，日/夜模式切换；

(5)检查是否开启彩色模式。

29. 如何处理视频图像画面剧烈抖动?

当视频图像画面出现剧烈抖动时,应考虑以下因素和解决方法:

(1)检查安装螺栓是否松动;

(2)观察到图像中树木等持续晃动摇摆,说明外部风力较大;

(3)检查摄像机/镜头是否具备光学防抖功能,有则开启。

30. 如何处理长焦距摄像机变倍前后画面中心失准?

若镜头最长焦画面中心与广角端偏差较大,观察视角受限,一般是因为镜头加工和装配工艺较低,无法保证每片镜片平行且共轴,因此光轴在变倍前后偏移变得更明显。所以在较高要求的应用场景,应选用同轴度好的光学镜头设备。

31. 为什么巨大温差会引起监控图像模糊不清? 如何解决?

该现象是自然界的“热胀冷缩”现象引起,由于镜头/摄像机本身由各种材料组成,在大温差下出现的热胀冷缩,会导致光学成像系统的成像面偏移,最终图像虚焦模糊(温度恢复则图像重新变清晰)。

通常需在设计中充分考虑到设备材料特性、设计公差、装配工艺精度等方面来减少温度敏感性和变形程度;除此之外可行方案主要是镜头/摄像机的“温度补偿”,其原理是通过感知外部温度的变化,根据镜头温度变化曲线参数,电动微调后截距来保证图像画面清晰效果。

32. 如何评价摄像机云台的质量?

摄像机云台质量指标可从以下几点考虑。

(1)云台的转动速度

云台的转动速度是衡量云台档次高低的重要指标。云台水平和垂直方向是由两个不同的电机驱动的,因此云台的转动速度也分为水平转速和垂直转速。

Q/CR 575—2022 规定,激光云台最大水平旋转角速度不应小于 6(°)/s,最大垂直面旋转角速度不应小于 3(°)/s。

(2)云台的转动角度

云台的转动角度尤其是垂直转动角度与负载(防护罩/摄像机/镜头总成)安装方式有很大关系。

Q/CR 575—2022 规定,激光摄像机云台应支持水平旋转角度 0°~360°,垂直旋转角度-70°~+20°。

(3)云台的载重量

云台的最大负载是指垂直方向承受的最大负载能力。摄像机的重心(包括防护罩)到云台工作面有一定距离,该重心必须通过云台回转中心,并且与云台工作面垂直,这个中心即为云台的最大负载点,摄像机云台的承载能力是以此点作为设计计算的基准。

Q/CR 575—2022 对云台载重的要求:

焦距 500~1 000 mm 的长焦摄像机:云台载重不应小于 50 kg;焦距 500 mm 以下的中短焦摄像机:云台载重不应小于 25 kg。

（4）云台的使用环境指标

室内使用的云台的要求不高，云台的使用环境的各项指标主要针对室外使用的云台。其中包括使用环境温度限制、湿度限制、防尘防水的 IP 防护等级。

室外摄像机不应低于 GB/T 4208—2017 中 IP66 的规定；室内摄像机不应低于 GB/T 4208—2017 中 IP54 的规定。

33. 云台摄像机预置位与守望位如何设置？

云台分固定云台和电动云台两种，电动云台指能够电动旋转的云台，监控行业的云台一般指电动云台，所以云台摄像机包括球型摄像机、云台枪型摄像机、激光云台枪型摄像机等可进行电动旋转的摄像机。

云台摄像机的预置位可存储摄像机的水平角度、垂直角度、镜头倍数、焦距位置等信息，特殊预置位还可记录智能分析规则、测温规则等布防参数，调用预置位可快速、精准地对感兴趣监控区域进行监控、布防。预置位的设置步骤如下：

（1）了解实际监控需求，确定所要监控的点位 A；

（2）通过云台控制功能，控制摄像机水平、垂直转动，使点位 A 基本处于监控画面的中心；

（3）控制镜头变倍+/-，将 A 点位所需监控的范围所占监控图像比例调整至合适占比，该占比可根据不同场景的方位、光线、智能规则等条件进行调整；

（4）若该场景下摄像机自动聚焦困难，可控制镜头聚焦+/-，将清晰度调至最高；

（5）根据需求设置告警规则，如智能分析、车牌识别、人脸识别、测温等；

(6)设置预置位,并对预置位进行命名。

守望又叫作空闲任务,当云台摄像机开启守望功能时,若一段时间内没有控制信号,云台摄像机则执行守望设定动作,这个动作可以是预置点、巡航、扫描,不同场景下应选择不同的守望方式。

车站进站口、公跨铁桥梁、隧道口等以监控固定角度范围为主的场景,应将守望设置为“预置位”形式。比如当进站口出现敏感人物,后台工作人员通过云镜控制操作云台摄像机查看后,若忘记恢复摄像机原本监控位置,将漏掉很多监控信息。若此场景下设置守望预置位,摄像机可自行恢复到原本预置位。

铁路沿线等远距离监控场景,一般使用巡航/扫描方式进行监控,该类场景应将守望设置为“巡航”或“扫描”形式。比如铁路沿线出现入侵物,后台工作人员操纵摄像机进行查看,结束后摄像机可自动恢复到手动操作前的巡航或扫描路线。

设置守望的方式比较简单:

(1)开启守望功能;

(2)根据场景需求设置守望等待时间——无控制信号后守望的触发时间;

(3)根据场景监控需求选择守望模式——预置位、巡航、扫描等。

34. 如何进行高处作业安全防护?

根据国家标准《高处作业分级》(GB/T 3608—2008)规定:“高处作业,指在距坠落高度基准面 2 m 或 2 m 以上有可能坠落的高处进行的作业。”而在高处作业时,必须要做好安全措施才可以进行作业。同时，作业前必须要确保安全设备的质量安全，如果发现存在隐患，必须更换才能进行作业！具体如下：

(1)参加高处作业的人员须体检合格才能进行高处作业。

(2)凡在离地面 2 m 以上有可能坠落的高处进行的作业，均应视为高处作业，应遵守高处作业有关规定，要扎好安全带，将安全带挂在工作点的上方牢固可靠处才能进行作业。

(3)安全带在使用前，要进行认真的检查，并且定期进行负荷试验，合格后方能使用。

(4)登高作业，必须穿软底鞋，严禁穿拖鞋、硬底鞋及塑料鞋等。

(5)进行高处作业前，应预先搭设脚手架，按要求扎好栏杆，或采取隔离措施，防止坠落，并进行验收合格后方可使用。

(6)在高处搭设脚手架上的跳板，一定要两头绑牢，防止翘头。

(7)在容器顶、高处独根钢梁、屋面等其他危险边缘进行工作时，临空一边应装设栏杆和安全网。

(8)高处作业所带工具、材料应放在工具袋内，并拴好安全绳，较大的工具应将安全绳拴在牢固的构件上，不应随便乱放，以防止坠落。

(9)高处作业人员不准随意往上、下扔抛工具和物件。

(10)在进行高处作业时，除有关人员外，其他人员不许在工作地点的下面逗留和通过，工作地点下面应设警戒绳等，以防止落物伤人。

(11)禁止登在不牢固的结构上进行高处作业，为了防止误登，应在这种结构的必要地点挂上警告牌。

(12)冬季上高处施工，必须清扫积雪等，以防滑倒、坠落。

(13)在区间、咽喉等不具备搭设脚手架处所进行高处作业。

采用脚扣进行登杆作业时必须使用安全带,脚扣孔径必须设置得适应电杆的直径。

移动式梯子在使用中应符合如下规定:移动式梯子(人字梯、木梯、竹梯等)上道使用必须在天窗点内,应取得车间及以上审批许可。梯脚底应坚实、稳固,并设专人扶持;梯子上端应有固定措施,人字梯铰链必须牢固;在同一梯子上不得2人同时作业。梯子等长大工具运送,普速铁路可在点外,高速铁路必须纳入点内,运送安全防护和登销记必须遵守相关规定。梯顶作业按登高作业相关规定执行。在搬运、架设过程中必须与接触网保持2 m以上安全距离。

六、设备安装篇

1. 塔上摄像机如何安装,焦距、俯仰角如何设置?

一般铁塔(四柱钢管塔、单元组合式铁塔)上设1~2套镜头焦距不小于300 mm/500 mm/750 mm摄像机和1套球形摄像机,静止荷载120 kg,检修荷载300 kg。铁塔一般均设置有两层平台,摄像机安装时,在满足视频监控场景前提下,应最大限度降低摄像机等附挂设备设施的安装高度,摄像机装设高度距轨面原则上为15~20 m,摄像机安装尽量利用已设置的铁塔平台,如已设置的铁塔平台不能满足视频要求,需在摄像机安装位置设置内平台。视频控制箱(含电源模块、防雷单元、光电缆成端)等设备安装在塔下距地1.4 m处(箱底距地面)左右。

注:枪机支架支撑点在法兰之上球机与枪机安装于同一平面,固定采用双螺母固定,固定摄像机的螺杆从上朝下安装。摄像机位置使用卡具垂直固定引下至距离塔底2.5 m处,摄像机电源线及铠装尾纤,采用内径50 mm的橡胶管防护,橡胶管采用13/8固定卡(馈线卡子)固定后引入视频控制箱。

摄像机自带调节功能,安装时,焦距、俯仰角可先不设置,最后可通过视频监控终端统一设置。具体安装流程如下:

(1)安装流程图

安装步骤如图6-1所示。

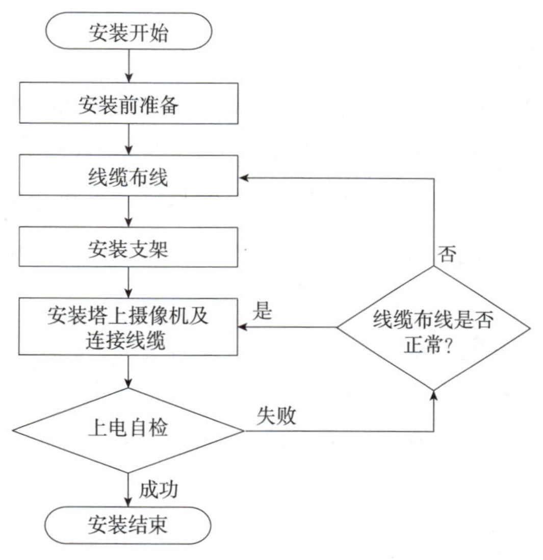

图 6-1　塔上摄像机安装步骤

(2)安装前准备

安装前,请提前准备好安装时可能需要用到的工具及线缆。

(3)线缆布线

因为塔上摄像机(激光、球机)安装的环境和位置的不同,需要事先进行线路部署勘察、规划,然后再进行精确的线路布置,在线缆规划布线过程中,应遵循以下规则。

①在进行线缆布线操作前,事先熟悉安装环境,包括接线距离、接线的环境等因素。在选择塔上摄像机工作导线时,应选择额定电压大于实际线路通电电压的导线,以保证在电压不稳的情况下摄像机的正常工作。

②避免断线连接,塔上摄像机的接线最好是一根电线独立

完成，应采用防潮航空接线头。

(4)安装支架

塔上摄像机不同于其他摄像机，整体质量重，对于支撑物的承重和稳定要求高，一般无法直接通过底座安装，需根据塔上摄像机的底座图，进行相应的支架设计。支架设计必须考虑承重、抗抖等因素，确保支架牢固的同时，也可以保证图像的平滑性。

(5)安装摄像机

从配件包中取出 4 颗直径 8 mm、长度 30 mm 螺栓(使用防松动螺母)，将激光摄像机固定在支架底座上，如图 6-2 所示。

步骤 2 接好摄像机对应的线缆，并上电，完成自检后，请确认预览是否正常。控制正常即表示激光摄像机安装完成。

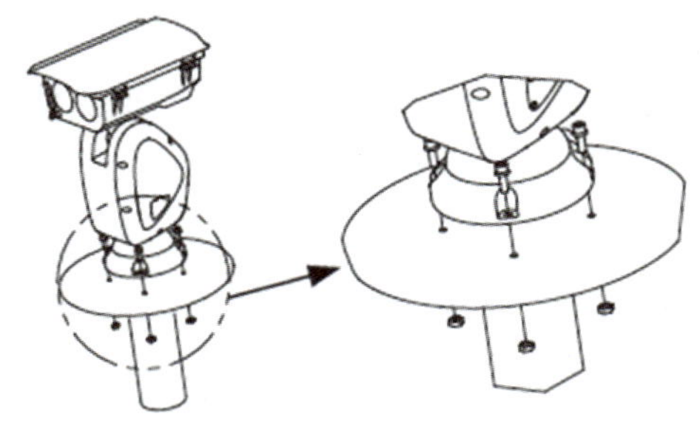

图 6-2　塔上激光摄像机安装

(6)连接线缆与上电自检

激光摄像机安装固定过程中，已经将线缆梳理并连接好。在确保激光摄像机安装正确的前提下，请连接电源进行激光摄像机的上电自检。

如果激光摄像机能够正常开启并显示画面，此时激光摄像机的安装结束。

在激光摄像机正常的情况下，若激光摄像机无法正常开启，需检查激光摄像机的线缆接口是否连接正常；若线缆连接正常，则需要对线缆布线等进行排查。

2. 视频杆或接触网杆上摄像机如何安装？焦距、俯仰角如何设置？

（1）接触网杆摄像机安装

摄像机的安装位置和安装方式应满足强电带电体的安全距离。摄像机采用加工固定支架安装牢固，按弹簧平垫+双螺母方式可靠紧固，加防松动螺母，螺纹露出长度不小于 15 mm。支架固定螺杆不得和接触网支柱直接接触。

摄像机安装在桥梁区段接触网支柱上时，接触网杆视频设备箱顺线路安装，位于来车方向。路基区段时，接触网杆视频设备箱在田野侧安装。摄像机及肩架距离接触网 27.5 kV 带电体距离不小于 2 m。

摄像机控制箱宜面向行车方向，摄像机安装在线路外侧。摄像机、控制箱均不得侵限。控制箱安装高度应符合人体工学标准（箱体中部距人员站里面 1.5 m），但不得侵占接触网支柱自身附属结构件（如标号牌）的安装位置。控制箱宜采用 304 不锈钢材质表面做反光喷涂处理。

（2）视频杆摄像机安装

①将摄像机逐个通电进行测试和粗调，在摄像机处于正常工作状态后，方可安装。

②检查摄像机防护罩的雨刷动作。雨刷处于正常工作状态后，方可安装。

③在搬动、架设摄像机过程中，不得打开镜头盖。

④在高压带电设备附近架设摄像机时，应根据带电设备的要求，确定安全距离。

⑤摄像机的安装应牢靠、紧固。

⑥对摄像机进行初步安装，经通电试看、细调、检查各项功能，观察监视区域的覆盖、图像范围和图像质量，符合设计要求后方可固定。

⑦摄像机自带调节功能，安装时，焦距、俯仰角可先不设置，最后可通过视频监控终端统一设置。

3. 室内摄像机如何安装，焦距、俯仰角如何设置？

(1)根据施工图纸和设备安装说明书的要求，根据现场情况选择壁装或吊装的安装方式，将摄像机支架和摄像机吊杆安装到位。

(2)确定摄像机安装高度，室内安装高度距离地面不宜低于2.5 m，摄像机安装高度需与运营单位进行确认，是否符合他们的实际需求。

(3)摄像机以壁挂方式安装在混凝土墙上时，先对混凝土墙面进行定位打孔，孔径、深度符合摄像机支架所配不锈钢膨胀螺栓的施工要求，再用不锈钢膨胀螺栓进行固定摄像机支架。使用螺母紧固时采用双螺母，外侧螺母为防松螺母，螺栓露出5 mm，摄像机安装后，用水平仪检查水平度与垂直度。

(4)摄像机以吊装方式安装时，先利用摄像机吊杆对屋顶进行定位打孔，孔径、深度符合摄像机吊杆所配不锈钢膨胀螺栓的施工要求，再用不锈钢膨胀螺栓进行固定摄像机吊杆，使用螺母紧固时采用双螺母，外侧螺母为防松螺母，螺栓露出5 mm，摄像机安装后，用水平仪检查水平度与垂直度。

(5)摄像机安装在大理石材墙面上时，先对大理石材墙面进行定位打孔，孔径、深度符合摄像机支架所配固定塑料膨胀螺栓的施工要求，再用塑料膨胀螺栓进行固定摄像机支架，摄像机安装后，用水平仪检查水平度与垂直度。

(6)摄像机自带调节功能，安装时，焦距、俯仰角可先不设置，最后可通过视频监控终端统一设置。

4. 摄像机支架的标准是什么？

摄像机支架一般均为小型支架，有注塑型及金属型两类，可直接固定摄像机，也可通过防护罩固定摄像机。所有的摄像机支架都具有万向调节功能，通过对支架的调整，即可以将摄像机的镜头准确地对向被摄现场。

安装支架采用不锈钢、热浸锌或热镀锌碳钢；支架强度符合设备安装要求。支架均应为不锈钢制。支架表面不允许有锈蚀和影响性能、寿命或外观的磕碰、划伤等缺陷；支架必须平直，不得有歪扭变形，其挠度和凹凸不平度不大于1/1 000；转接架焊接牢固，符合《钢结构焊接规范》(GB 50661—2011)的要求；焊缝不允许有咬边、焊瘤、烧穿、未焊透、焊缝尺寸不符合要求、气孔等。支架设计必须考虑承重、抗抖等因素，确保支架牢固的同时，保证图像的平滑性。

5. 轨旁摄像机应具有哪些防护措施？

所有轨旁摄像机，静态、动态运行时均不得侵入限界。条件允许时，轨旁视频杆应立于倒杆范围之外，即视频杆内缘距离线路中心的距离应大于含接闪器的杆高加 3.1 m。轨旁摄像机外缘距接触网带电部分的距离不小于 2 m,距接触网带电部分 5 m 范围内的金属结构件必须接地。

6. 摄像机供电及通信线缆如何布放?

(1)摄像机供电

铁路综合视频监控系统摄像机均采用 AC 220 V 交流不间断 UPS 电源进行供电。

室内摄像机及院落内摄像机,均由通信专业在本地机房设置的 UPS 供电。对于隧道口、桥梁疏散通道、独立视频铁塔等采集点,由就近通信节点(基站、中继站、电气化所亭、直放站等)设置的 UPS 远程供电,超过 2 km 的情况由电力专业供电。

室外摄像机同时配置尾纤、电源线及防雷浪涌保护器,以进行设备防雷。塔上摄像机供电采用 24 V/36 V 的交流/直流电,在视频控制箱处配置配套的视频电源设备。室外设备箱内的电源适配器应采用工业级产品,须满足箱内高低温(-30 ℃ ~ +75 ℃)工作环境要求。

(2)通信线缆布放

①电源线应与视频线分开布放。

②光缆及电源线宜从室外视频箱下部进线,做好必要的防护。

③钢杆视频缆敷设时应采用内走线方式,在接头处做好相应的防水措施。在杆底走线孔应在地面以下,并用钢管、PE 管双层防护,过沟处要采用钢管水泥包封的方式做好防护。

④光缆成端时要核对纤芯,所有线缆贴好用途说明的标签。

⑤室外摄像机至设备箱之间的缆线应采用光电复合缆或电力电缆和带保护管的铠装尾纤的方式,且中间不得有接头。

⑥走线做好防护,引入设备箱线缆,地线及控制箱至摄像机之间走线均采用高压夹布橡胶软管防护,并采用抱箍固定走线。

7. 如何选择视频杆类型和高度?如何安装视频杆?

根据设计要求的摄像机的位置及视频杆安装地势、土质,确定选用视频杆类型及高度。一般视频杆采用 4.5 m 和 7 m 钢杆。

(1)车站咽喉(公跨铁)、路基地段

在路基上安装时,由于列车运行速度较快,应采用预应力钢杆,埋深应根据电杆高度而定,符合设计要求。电杆高度满足在电气化区段下的要求,距离回流线不小于 2 m。

视频线、电源线为了安全及美观应采用内走线。根据摄像机安装高度及线缆出线位置确定走线孔的位置,在电杆出厂前预留好穿线孔。根据摄像机监控方向,确定电杆走线孔的朝向。部分特殊地段电杆走线孔可现场加工,一般采用水钻或扩孔器,但要保证电杆的强度不被破坏。立杆时最好在穿线孔内预留钢丝,方便后期视频线、光缆、电源线等线缆的穿入。

(2)区间基站、电气化所亭

根据设计要求及现场情况,确定电杆的高度及埋深。埋深要符合设计要求,电杆埋深不够及松土地段,需设卡盘,也可采用横木加固法、石护墩、混凝土帮桩等方法来加强电杆的强度。

8. 室外视频控制箱如何安装?

室外视频控制箱结构为露天防雨箱,视频控制箱体积需满足设计要求,箱体防护等级达到 IP66 防护等级。视频控制箱内应可安装电源、视频光端机等设备,配线需整齐规范。视频控制箱可用抱箍固定在钢杆上,其箱体中部距人员站立面 1.5 m 为宜。视频控制箱也可安装在地面上,采用落地固定方式时,需在视频杆下浇筑一个高 30 cm 混凝土基础(地面以上 10 cm),预埋钢管(含 PE 管)引入视频缆线。箱体下安装高 10 cm 底座,打膨胀螺栓固定。视频控制箱外表应整体美观。视频控制箱开箱方向应在保证不侵入铁路限界的前提下,便于人员操作及维护。

9. 室外摄像机的防雷与接地如何实施?

防雷接地应符合设计要求。对于雷雨多发地区,视频杆顶端安装避雷针,摄像机地线与避雷针地线应分开设立。

杆体距离铁路沿线综合接地小于 20 m,直接与综合接地的地线相连。大于 20 m 时应单独设置一组接地体(阻值不大于 1 Ω)。区间基站、电气化所亭内接地可与电力接地网相连。

10. 设备箱盒有哪些要求?

(1)箱体材料采用防腐蚀不锈钢,钢板厚度不小于 1.0 mm,表面刻字、喷清漆防护,具有防锈特性,支架及其他附件采用热镀锌碳钢腐蚀不锈钢加工制成。

(2)外部表面整洁,各零部件安装牢固,不得有明显的凹痕、外伤、裂缝、变形及其他影响使用的缺陷。

(3)螺钉连接和铆钉连接处应牢固、不得松动。

(4)设有安装孔,方便施工安装。

(5)采用包括缆线引入、配电、防雷、通信接入设备等在内的一体化设计,内部布线合理,设备及缆线有良好的固定措施,外形尺寸适当。

(6)防护等级应达到 GB/T 4208—2017 中的 IP66。

(7)箱体进/出线口应有防割线措施,进/出线口的位置应隐蔽安全和方便线缆出入。

(8)内部设备布局应符合电磁兼容性要求,宜在箱体内部设置进出线缓冲区和布线框架。

附录　铁路视频监控工程摄像机技术要求

一、高清摄像机通用技术指标

1. 一般要求

◆摄像机外观不应有明显的凹痕、划伤、裂缝、变形和污渍;表面应色泽均匀,不应有起泡、龟裂、脱落和磨损现象;金属部件不应有锈蚀;文字标注应清晰、完整。摄像机表面应有产品标识,标识应不易被擦除,且不应出现卷边。

◆摄像机的零部件应装配牢固,连接可靠。

◆支持 H. 265、H. 264 视频编码。

◆支持图片抓拍功能,图片格式至少支持 JPEG。

◆支持 G. 711、G. 722. 1、G. 723. 1、G. 729 音频编解码。

◆支持不同码率设定,多码流输出,可分挡设置分辨率。

◆支持日夜模式自动转换功能。

◆支持自动增益控制、自动白平衡调整、背光补偿、自动电子快门、自动光圈功能。

◆应支持时间同步功能。

◆室外摄像机应支持防抖功能。

◆室外摄像机应支持电子透雾功能。

◆满足《公共安全视频监控联网信息安全技术要求》(GB 35114—2017)A 级要求。

◆非一体化摄像机须采用 CS 接口。

◆所有高清摄像机均不得用增倍镜来增大摄像机的光学变焦倍数。

◆选择定码率和变码率功能，变码率模式下可设置画质优先或帧率优先。

◆具备亮度、对比度、饱和度、锐度、降噪等调节功能。

◆支持 GB 18030—2022 中文字符集，支持字符叠加功能，能在图像上叠加时间、字符。

◆支持网页浏览，通过浏览器可配置亮度、对比度、饱和度、锐度、走廊模式等参数。

2. 性能要求

◆摄像机分辨率应不低于 1 080 P，最大帧率不低于25 fps。

◆200 万像素（1 920×1 080）摄像机水平分辨力：环境光照低于 300 lx 时，水平分辨力不低于 900 TVL，环境光照在 0. 1 lx 以下的水平分辨力不低于 650 TVL。

◆400 万像素（2 560×1 440）摄像机水平分辨力：环境光照低于 300 lx 时，水平分辨力不低于 1 200 TVL，环境光照在 0. 1 lx 以下的水平分辨力不低于 865 TVL。

◆800 万像素（3 840×2 160）摄像机水平分辨力：环境光照低于 300 lx 时，水平分辨力不低于 1 800 TVL，环境光照在 0. 1 lx 以下的水平分辨力不低于 1 300 TVL。

◆云镜控制响应时延应不大于 500 ms；视频编、解码时延应不大于 300 ms，音视频失步时间应不大于 300 ms。

◆最大亮度鉴别等级应不小于 10 级。

◆摄像机所摄图像周边的枕形或桶形畸变绝对值不应大于 5%。

◆色彩还原误差至少应满足 GA/T 1127—2013 中色彩还

原误差 2 级要求。

◆具备宽动态能力摄像机，范围不小于 100 dB。

◆不小于 2 路码流并发输出。

◆像面亮度均匀性：产品输出的图像像面周边亮度平均值与中心亮度平均值之比应大于 60%。

◆守时精度 24 h 不应大于 1 s。

3. 接口要求

◆网络接口：应支持以太网电接口、光接口，光接口采用单模单纤光接口。

◆音频接口：应支持音频输入、输出口。

◆辅助接口：支持 RS-485、I/O 口。

◆支持 SD 或 MicroSD 插槽。

4. 协议要求

◆应支持 SNMP 协议。

◆应支持 HTTPS、SSH 安全认证，创建证书。

◆应支持 GB/T 28181、ONVIF 协议。

◆应支持 IPv4、IPv6。

◆应支持 NTP 协议。

◆应支持 GA/T 1400.4 规定的接口协议。

◆具备信息安全功能的摄像机应符合 GB 35114—2017 中接口相关的规定。

5. 防护要求

◆室外摄像机不应低于 GB/T 4208—2017 中 IP66 的规定。

◆室内摄像机不应低于 GB/T 4208—2017 中 IP54 的规定。

6. 视频内容分析要求

◆应支持同一场景内划分多个防区。

◆内置 GPU 芯片，支持移动侦测、入侵检测、遗留物检测、逆行检测、人车物识别等一种或多种分析类型，上述场景视频算法支持免费升级。

7. 电源

◆摄像机电源应满足 GA/T 1127—2013 中 5.1.3 的规定。

8. 防雷

◆室外设备（含摄像机、设备箱盒等）电源端口、通信信号端口的防雷应符合 TB/T 3498—2018 中 B 类要求，试验等级应符合 Q/CR 575—2022 中表 3 的规定。

9. 工作环境

◆室外摄像机气候环境适应性应符合 GA/T 1127—2013 中 5.1.4 类别Ⅳ的规定。

◆室内摄像机气候环境适应性应符合 GA/T 1127—2013 中 5.1.4 类别Ⅱ的规定。

二、350 mm 镜头激光云台枪型摄像机技术要求

1. 摄像机

◆图像传感器（CMOS）尺寸≥1/1.8 in。

◆分辨率≥1 920×1 080。

◆帧率≥25 fps。

◆信噪比不低于 56 dB。

◆支持宽动态，正常工作状态下宽动态不小于 100 dB。

◆码流类型：至少主码流、子码流。

◆视频压缩标准支持：H.265、H.264。

◆视频压缩码率 32～16 384 kbit/s。

◆H. 264 支持 Baseline Profile 、Main Profile 、High Profile。

◆H. 265 支持 Main Profile。

◆支持光学透雾、背光补偿、强光抑制、3D 降噪、电子防抖功能。

◆支持 3D 定位功能，通过客户端/IE 可实现点击跟踪和放大。

◆支持巡航扫描方式。

◆支持断电记忆，上电后自动回到断电前的监控场景。

◆支持定时任务，预置点/辅助输出/多种扫描方式的定时任务。

◆支持比例变倍，旋转速度根据镜头变倍倍数自动调整。

◆不少于 255 个预置位。

◆支持温度补偿，当温度在-25 ℃～45 ℃变化时，图像分辨力下降不超过 10 ℃时图像分辨力的 50%。

◆光学变焦范围不小于 15～350 mm，红外共焦镜头，镜头内外不应采用 2 倍镜，通光口径不应低于 65 mm，焦距误差应小于 3%，支持防抖功能。开启防抖功能后，摄像机视场角无明显变化，画面应保持清晰，无明显抖动。

◆激光补光距离≥800 m；800 m 处条带周期数 *N* 符合 GA/T 1127—2013 中表 D. 1A 级的要求。

◆电源：DC 36 V 或 AC 24 V，最大功耗 210 W。

◆工作温湿度-40 ℃～70 ℃；湿度小于 95%。

2. 云台

◆支持守望功能，预置点/巡航扫描可在空闲状态停留指定时间后自动调用（包括上电后进入的空闲状态）。

◆支持掉电自锁。

◆转动次数应不小于 5×10^5 次。

◆旋转角度水平方向 360°连续旋转，垂直方向+20°~−70°。

◆旋转速度水平速度为 0.1~30(°)/s，垂直速度为 0.1~15(°)/s，旋转步长不应大于 0.03°，运动精度 0.01°。

3. 激光器

◆激光器功率光功率不应小于 10 W。

◆激光开关可根据图像画面质量自动开启、关闭激光器，保证较好的成像效果。

◆支持同步变焦，激光束和摄像机变焦同步，变焦结束后，激光束同步时间不应大于 1 s。

◆累计工作 2×10^4 h 光功率下降不应大于 30%。

◆激光光斑直径、长轴或长边为 2 m 时，激光光斑亮度均匀度大于等于 85%。

◆激光照明应保证无暗斑、无闪烁，变焦过程中应保持光斑形状椭圆、圆形或矩形不变。

◆支持无红曝红外，峰值波长为(940±10)nm。

4. 护罩

◆防护罩玻璃应采用红外增透和防水防尘镀膜工艺。

◆雨刷，雨刷片耐候性好，更换方便。

5. 接口

◆支持光纤接口(单模单纤)和 10M/100M 自适应以太网接口。

◆支持音频输入输出接口。

◆支持报警输入输出接口。

6. 质量、外形尺寸

◆外形质量：摄像机（含云台等部件）质量不应大于 50 kg，最大外形尺寸不应超过：750 mm（长）×450 mm（宽）×650 mm（高）。

三、750 mm 镜头激光云台枪型摄像机技术要求

1. 摄像机

◆图像传感器（CMOS）尺寸≥1/1.8 in。

◆分辨率≥1 920×1 080。

◆帧率≥25 fps。

◆信噪比不低于 56 dB。

◆支持宽动态，正常工作状态下宽动态不小于 100 dB。

◆码流类型：至少主码流、子码流。

◆视频压缩标准支持：H.265、H.264。

◆视频压缩码率 32～16 384 kbit/s。

◆H.264 支持 Baseline Profile 、Main Profile 、High Profile。

◆H.265 支持 Main Profile。

◆支持光学透雾、背光补偿、强光抑制、3D 降噪、电子防抖功能。

◆支持 3D 定位功能，通过客户端/IE 可实现点击跟踪和放大。

◆支持巡航扫描方式。

◆支持断电记忆，上电后自动回到断电前的监控场景。

◆支持定时任务，预置点/辅助输出/多种扫描方式的定时任务。

◆支持比例变倍，旋转速度根据镜头变倍倍数自动调整。

◆不少于 255 个预置位。

◆支持温度补偿，当温度在-25 ℃～45 ℃变化时，图像分辨力下降不超过 10 ℃时图像分辨力的 50%。

◆光学变焦范围不小于 20～750 mm，红外共焦镜头，镜头内外不应采用 2 倍镜，通光口径不应低于 80 mm，焦距误差应小于 3%，支持光学防抖功能。开启光学防抖功能后，摄像机视场角无明显变化，画面应保持清晰，无明显抖动。

◆激光补光距离≥1 500 m；1 500 m 处条带周期数 *N* 符合 GA/T 1127—2013 中表 D.1A 级的要求。

◆电源：DC 36 V 或 AC 24 V，最大功耗 210 W。

◆工作温湿度-40 ℃～70 ℃；湿度小于 95%。

2. 云台

◆支持守望功能，预置点/巡航扫描可在空闲状态停留指定时间后自动调用(包括上电后进入的空闲状态)。

◆支持掉电自锁。

◆转动次数应不小于 5×10^5 次。

◆旋转角度水平方向 360°连续旋转，垂直方向+20°～-70°。

◆旋转速度水平速度为 0.1～30(°)/s，垂直速度为 0.1～15(°)/s，旋转步长不应大于 0.03°，运动精度 0.01°。

3. 激光器

◆激光器功率光功率不应小于 18 W。

◆激光开关可根据图像画面质量自动开启、关闭激光器，保证较好的成像效果。

◆支持同步变焦，激光束和摄像机变焦同步，变焦结束后，激光束同步时间不应大于 1 s。

◆累计工作 2×10^4 h 光功率下降不应大于 30%。

◆激光光斑直径、长轴或长边为 2 m 时，激光光斑亮度均匀度大于等于 85%。

◆激光照明应保证无暗斑、无闪烁，变焦过程中应保持光斑形状椭圆、圆形或矩形不变。

◆支持无红曝红外，峰值波长为(940±10) nm。

4. 护罩

◆防护罩玻璃应采用红外增透和防水防尘镀膜工艺。

◆雨刷，雨刷片耐候性好，更换方便。

5. 接口

◆支持光纤接口(单模单纤)和 10M/100M 自适应以太网接口。

◆支持音频输入输出接口。

◆支持报警输入输出接口。

6. 质量、外形尺寸

◆外形质量：摄像机(含云台等部件)质量不应大于 50 kg，最大外形尺寸不应超过：750 mm(长)×450 mm(宽)×650 mm(高)。

四、1 000 mm 镜头激光云台枪型摄像机技术要求

1. 摄像机

◆图像传感器(CMOS)尺寸≥1/1. 8 in。

◆分辨率≥1 920×1 080。

◆帧率≥25 fps。

◆信噪比不低于 56 dB。

◆支持宽动态，正常工作状态下宽动态不小于 100 dB。

◆码流类型：至少主码流、子码流。

◆视频压缩标准支持：H. 265、H. 264。

◆视频压缩码率 32～16 384 kbit/s。

◆H. 264 支持 Baseline Profile 、Main Profile、High Profile。

◆H. 265 支持 Main Profile。

◆支持光学透雾、背光补偿、强光抑制、3D 降噪、电子防抖功能。

◆支持 3D 定位功能，通过客户端/IE 可实现点击跟踪和放大。

◆支持巡航扫描方式。

◆支持断电记忆，上电后自动回到断电前的监控场景。

◆支持定时任务，预置点/辅助输出/多种扫描方式的定时任务。

◆支持比例变倍，旋转速度根据镜头变倍倍数自动调整。

◆不少于 255 个预置位。

◆支持温度补偿，当温度在－25 ℃～45 ℃变化时，图像分辨力下降不超过 10 ℃时图像分辨力的 50%。

◆光学变焦范围 20～1 000 mm，红外共焦镜头，镜头内外不应采用 2 倍镜，通光口径不应低于 90 mm，焦距误差应小于 3%，支持光学防抖功能。开启光学防抖功能后，摄像机视场角无明显变化，画面应保持清晰，无明显抖动。

◆激光补光距离≥2 000 m；2 000 m 处条带周期数 N 符合 GA/T 1127—2013 中表 D. 1A 级的要求。

◆电源：DC 36 V 或 AC 24 V，最大功耗 210 W。

◆工作温湿度－40 ℃～70 ℃；湿度小于 95%。

2. 云台

◆支持守望功能，预置点/巡航扫描可在空闲状态停留指定时间后自动调用（包括上电后进入的空闲状态）。

◆支持掉电自锁。

◆转动次数应不小于 5×10^5 次。

◆旋转角度水平方向 360°连续旋转，垂直方向 +20°～−70°。

◆旋转速度水平速度为 0.1～30(°)/s，垂直速度为 0.1～15(°)/s，旋转步长不应大于 0.03°，运动精度 0.01°。

3. 激光器

◆激光器功率光功率不应小于 20 W。

◆激光开关可根据图像画面质量自动开启、关闭激光器，保证较好的成像效果。

◆支持同步变焦，激光束和摄像机变焦同步，变焦结束后，激光束同步时间不应大于 1 s。

◆累计工作 2×10^4 h 光功率下降不应大于 30%。

◆激光光斑直径、长轴或长边为 2 m 时，激光光斑亮度均匀度大于等于 85%。

◆激光照明应保证无暗斑、无闪烁，变焦过程中应保持光斑形状椭圆、圆形或矩形不变。

◆支持无红曝红外，峰值波长为(940±10) nm。

4. 护罩

◆防护罩玻璃应采用红外增透和防水防尘镀膜工艺。

◆雨刷，雨刷片耐候性好，更换方便。

5. 接口

◆支持光纤接口（单模单纤）和 10M/100M 自适应以太网

接口。

◆支持音频输入输出接口。

◆支持报警输入输出接口。

6. 质量、外形尺寸

◆外形质量：摄像机(含云台等部件)质量不应大于 50 kg，最大外形尺寸不应超过：750 mm(长)×450 mm(宽)×650 mm(高)。

五、室外一体化球型摄像机技术要求

◆图像传感器(CMOS)尺寸≥1/1.8 in。

◆分辨率≥1 920×1 080。

◆帧率≥25 fps。

◆信噪比不小于 55 dB。

◆支持宽动态，正常工作状态下宽动态不小于 100 dB。

◆码流类型：至少主码流、子码流。

◆视频压缩标准支持：H. 265、H. 264。

◆视频压缩码率 32~16 384 kbit/s。

◆H. 264 支持 Baseline Profile 、Main Profile 、High Profile。

◆H. 265 支持 Main Profile。

◆支持透雾、强光抑制、电子防抖、3D 数字降噪。

◆支持 3D 定位功能，通过客户端可实现点击跟踪和放大。

◆支持巡航扫描方式。

◆支持断电记忆，上电后自动回到断电前的监控场景。

◆支持定时任务，预置点/辅助输出/多种扫描方式的定时任务。

◆光学变焦范围不小于 6~180 mm。

◆支持无红曝红外,波长(940±10)nm,补光距离≥250 m。

◆水平转动范围360°,垂直范围:-10°~90°(自动翻转)。

◆不少于255个预置位。

◆水平预置点速度不低于240(°)/s,垂直预置点速度不低于180(°)/s。

◆水平键控速度为0.1~180(°)/s可调,垂直键控速度为0.1~90(°)/s可调。

◆支持报警输入、输出接口,支持音频输入和输出接口。

◆支持越界侦测,区域入侵侦测,进入/离开区域侦测等智能侦测功能。

◆支持光纤接口(单模单纤)和10M/100M自适应以太网接口。

◆摄像机电源:DC 36 V或AC 24 V,最大功耗60 W。

◆工作温度-40 ℃~70 ℃;湿度小于95%。

六、室内一体化球型摄像机技术要求

◆图像传感器(CMOS)尺寸≥1/2.8 in。

◆分辨率≥1 920×1 080。

◆帧率≥25 fps。

◆信噪比不小于55 dB。

◆支持宽动态,正常工作状态下宽动态不小于100 dB。

◆码流类型:至少主码流、子码流。

◆视频压缩标准支持:H.265、H.264。

◆视频压缩码率32~16 384 kbit/s。

◆H.264支持Baseline Profile、Main Profile、High Profile。

◆H.265支持Main Profile。

◆支持透雾、强光抑制、电子防抖、3D 数字降噪。

◆支持 3D 定位功能,通过客户端可实现点击跟踪和放大。

◆支持巡航扫描方式。

◆支持断电记忆,上电后自动回到断电前的监控场景。

◆支持定时任务,预置点/辅助输出/多种扫描方式的定时任务。

◆光学变焦范围:长焦型不小于 4. 8~100 mm;短焦型不小于 2. 8~12 mm。

◆红外补光,补光距离不小于 100 m。

◆水平转动范围 360°,垂直范围:-10°~90°(自动翻转)。

◆不少于 255 个预置位。

◆水平预置点速度不低于 240(°)/s,垂直预置点速度不低于 180(°)/s。

◆水平键控速度为 0. 1~180(°)/s 可调,垂直键控速度为 0. 1~90(°)/s 可调。

◆支持报警输入、输出接口,支持音频输入和输出接口。

◆支持越界侦测,区域入侵侦测,进入/离开区域侦测等智能侦测功能。

◆支持光纤接口(单模单纤)或 10M/100M 自适应以太网接口。

◆摄像机电源:DC 36 V 或 AC 24 V,最大功耗 60 W。

◆工作温度-10 ℃~55 ℃;湿度小于 95%。

七、室外云台枪型摄像机技术要求

◆图像传感器(CMOS)尺寸≥1/1. 8 in。

◆分辨率≥1 920×1 080。

◆帧率≥25 fps。

◆信噪比不低于 55 dB。

◆支持宽动态,正常工作状态下宽动态不小于 100 dB。

◆码流类型:至少主码流、子码流。

◆视频压缩标准支持 H. 265、H. 264。

◆视频压缩码率:32~16 384 kbit/s。

◆H. 264 支持:Baseline Profile 、Main Profile 、High Profile。

◆H. 265 支持:Main Profile。

◆支持光学透雾、背光补偿、强光抑制、3D 降噪、电子防抖。

◆支持 3D 定位功能,通过客户端可实现点击跟踪和放大。

◆支持巡航扫描方式。

◆支持断电记忆,上电后自动回到断电前的监控场景。

◆支持定时任务,预置点/辅助输出/多种扫描方式的定时任务

◆光学变焦范围不小于 6~120 mm。

◆支持无红曝红外,峰值波长为(940±10)nm,补光距离≥250 m。

◆不少于 255 个预置位。

◆云台水平方向 360°连续旋转,垂直方向−90°~45°旋转。

◆云台水平键控速度为 0. 1~100(°)/s,垂直键控速度为 0. 1~50(°)/s;云台预置点速度 100(°)/s。

◆可靠性及强度:摄像机具备物理减震结构,设备与支架采用耐脱落螺钉锁定。有防脱绳。

◆支持报警输入、输出接口,支持音频输入和输出接口。

◆支持入侵检测,音频异常报警,虚焦侦测,场景变更侦

测，人脸侦测，区域入侵侦测，越界侦测，进入/离开区域侦测，徘徊侦测，人员聚集侦测，快速移动侦测，停车侦测，物品遗留侦测，物品拿取侦测。

◆支持光纤接口（单模单纤）和 10M/100M 自适应以太网接口。

◆电源：DC 36 V 或 AC 24 V，最大功耗 60 W。

◆工作温度-40 ℃～70 ℃；湿度小于 95%。

八、室外固定枪型摄像机技术要求

◆图像传感器（CMOS）尺寸≥1/1.8 in。

◆分辨率≥1 920×1 080。

◆帧率≥25 fps。

◆信噪比不低于 55 dB。

◆支持宽动态，正常工作状态下宽动态不小于 100 dB。

◆码流类型：至少主码流、子码流。

◆视频压缩标准支持 H.265、H.264。

◆视频压缩码率：32～16 384 kbit/s。

◆H.264 支持：Baseline Profile、Main Profile、High Profile。

◆H.265 支持：Main Profile。

◆支持光学透雾、背光补偿、强光抑制、3D 降噪、电子防抖。

◆光学变焦范围不小于 8～50 mm。

◆支持无红曝红外，峰值波长为（940±10）nm，补光距离≥100 m。

◆可靠性及强度：摄像机具备物理减震结构，设备与支架采用耐脱落螺钉锁定。有防脱绳。

◆支持报警输入、输出接口，支持音频输入和输出接口。

◆支持入侵检测，音频异常报警，虚焦侦测，场景变更侦测，人脸侦测，区域入侵侦测，越界侦测，进入/离开区域侦测，徘徊侦测，人员聚集侦测，快速移动侦测，停车侦测，物品遗留侦测，物品拿取侦测。

◆支持光纤接口（单模单纤）和 10M/100M 自适应以太网接口。

◆电源：DC 36 V 或 AC 24 V，最大功耗 20 W。

◆工作温度-40 ℃~70 ℃；湿度小于 95%。

九、室内固定枪型摄像机技术要求

◆图像传感器（CMOS）尺寸≥1/2.8 in。

◆分辨率≥1 920×1 080。

◆帧率≥25 fps。

◆信噪比不低于 55 dB。

◆支持宽动态，正常工作状态下宽动态不小于 100 dB。

◆码流类型：至少主码流、子码流。

◆视频压缩标准支持：H.265、H.264。

◆视频压缩码率 32~16 384 kbit/s。

◆H.264 支持 Baseline Profile、Main Profile、High Profile。

◆H.265 支持 Main Profile。

◆镜头焦距及控制方式：电动镜头，变焦范围不小于 2.8~12 mm。

◆红外补光，补光距离不小于 30 m。

◆电源：DC 36 V、DC 12 V 或 AC 24 V，最大功耗 20 W。

◆工作温度-10 ℃~55 ℃；湿度小于 95%。

◆支持报警输入、输出接口，支持音频输入和输出接口。

◆支持越界侦测，区域入侵侦测，进入/离开区域侦测等智能侦测功能。

◆支持光纤接口（单模单纤）或 10M/100M 自适应以太网接口。

十、室外双光谱摄像机技术要求

1. 可见光摄像机

◆焦距：变焦枪型摄像机镜头光学变焦范围不小于 6～200 mm。

◆可见光分辨率不小于 1 920×1 080。

◆支持无红曝红外，峰值波长为（940±10）nm，补光距离≥500 m。

◆支持单场景、多场景等跟踪功能。

2. 氧化钒非制冷探测器

◆氧化钒非制冷探测器，分辨率不小于 640×512 像素，像元不大于 17 μm。

◆热成像摄像机镜头焦距不小于 25～75 mm。

◆热成像光谱范围：8～14 μm。

◆热灵敏度：优于 0. 05 ℃。

◆最大帧率不低于 25 fps。

3. 其他要求

◆支持单主控单 IP。

◆防护罩前窗应为锗玻璃。

◆配置风扇、遮阳罩和加热器。

◆摄像机 MTBF 不小于 50 000 h。

◆支持光学透雾，防护等级应不应低于 GB/T 4208—2017

中 IP66 的规定。

◆支持自动透雾功能。

◆支持光纤接口(单模单纤)和 10M/100M 自适应以太网接口。

◆工作温度-40 ℃~70 ℃;湿度小于 95%。

◆整机功耗不大于 120 W。

十一、室内一体化半球摄像机技术要求

◆图像传感器(CMOS)尺寸≥1/2.8 in。

◆分辨率≥1 920×1 080。

◆帧率≥25 fps。

◆信噪比不小于 55 dB。

◆支持宽动态,正常工作状态下宽动态不小于 100 dB。

◆码流类型:至少主码流、子码流。

◆视频压缩标准支持:H.265、H.264。

◆视频压缩码率 32~16 384 kbit/s。

◆H.264 支持 Baseline Profile、Main Profile、High Profile。

◆H.265 支持 Main Profile。

◆强光抑制、3D 数字降噪。

◆光学变焦范围不小于 2.8~12 mm。

◆支持 I/O 输入、输出接口,配置拾音器和扬声器。

◆支持入侵检测,支持双向语音对讲。

◆支持光纤接口(单模单纤)或 10M/100M 自适应以太网接口。

◆摄像机电源:DC 36 V、DC 12 V 或 AC 24 V,最大功耗 20 W。

◆工作温度-10 ℃~55 ℃;湿度小于 95%。